菜姨姨的書櫃

送給爸媽和孩子的禮物

菜姨姨 著

新雅文化事業有限公司
www.sunya.com.hk

目錄

身為武俠小說作家兼五個孩子的媽媽，我在育兒上曾遇到兩個挑戰：一是如何為孩子挑選好書，二是如何讓他們喜愛閱讀。在克服這兩個挑戰上，菜姨姨可說是所有父母的「寶藏」：她不但能夠從芸芸眾多的華文原創圖書、翻譯圖書中挑選出最有趣、最精彩、最吸引孩子的作品，並且能夠藉由生動的講述、提問、互動，帶領孩子開開心心地步入閱讀的殿堂。有幸得聽菜姨姨講故事的孩子，沒有一個不深受故事的吸引，如癡如醉，欲罷不能；在聽故事的過程中，孩子們不但能理解圖畫書表面呈現的故事，更能體會作者隱藏在故事背後的真情和深理。這就是為什麼「菜姨姨說故事」受到廣大家長和小朋友們的歡迎，而家長們往往能從旁聽菜姨姨說故事當中，學習到珍貴的親子共讀技巧，體會到親子共讀的樂趣。

第一次見到菜姨姨，是四年前在銅鑼灣誠品書店，與菜姨姨一起接受媒體訪問。那時我已久仰菜姨姨的大名，知道她是一位熱誠活躍的兒童閱讀推廣人，這在香港可說是獨一無二的異數吧？菜姨姨的直率熱誠、腳踏實地，在在令我印象深刻。有這樣一位無私無我，專為推廣兒童閱讀而四處奔波的菜姨姨，不但是所有圖畫書創作者的幸運，更是所有重視閱讀的家長和小朋友的幸運！

如果要用一個字來形容菜姨姨，大約是「實」吧？她「踏實」地耕耘，給予家長「實用」的建議，帶給大家營養豐富的「果實」。

如同阿濃先生所說：「故事對小朋友的成長太重要了。好的故事影響一個人的一生，他們的品德怎樣，志向如何，快樂不快樂，有沒有智慧，走一條怎樣的人生路，都受故事影響。」我深深相信喜愛閱讀乃是終身學習的關鍵，而閱讀習慣的培養一定要從童年開始，從聽故事、看圖畫書開始。

為了讓更多人能夠分享「菜姨姨說故事」的經驗，菜姨姨花了許多心思，整理集結出版《菜姨姨的書櫃》，挑選介紹二十本她摯愛的圖畫書，並且給予家長實用的建議，如何將書中的深意以簡單易懂的方式傳遞給孩子。這真是所有家長都應人手一冊的寶典！書中也加入了菜姨姨與十位當代著名華文圖畫書作家、畫家的對談，讓父母能夠更加深刻地了解創作者的背景、思維和用心。《菜姨姨的書櫃》不只是列出一張書單，讓家長們去書店購買而已，更期盼的是家長們能夠深入了解這些圖畫書，將自己變成一個菜姨姨，學會說故事的技巧和方法，應用於親子共讀之上，讓孩子們能夠享受閱讀，進而喜愛閱讀，並養成終身閱讀的習慣。

　　在看完《菜姨姨的書櫃》之後，當我們拿起一本圖畫書，讓孩子坐在自己的腿上，開始跟他們講故事時，不再是機械式地一頁頁讀出文字了，而是懂得用最吸引孩子的方式與他們共讀，並且引導孩子理解思考故事背後的深意。相信在菜姨姨的引導下，你我都能做得到！

著名武俠小說作家　**鄭丰**
於香港
2016 年 5 月

我是一個父親，「反斗」那種。

我極享受和四歲女兒及六歲兒子一起「搞搞震」，在家、出外都玩到瘋。如此「喪玩」，好處是與小孩建立了深厚感情，但惡果是父親的權威形象不再，往往要媽媽出來收拾殘局甚至「鎮壓」，難怪我太座常言：「在家要管三個細路，兩細一大，而大那個往往最難教。」

為了平衡我的「瘋癲」育兒風格，我和太座各有分工，就是一放一收，一動一靜，而她馴服孩子撒野的秘密武器，就是講故事。

不知從何時起，太座竟懂得挑選很多優秀圖書，連我也深受感動，覺得非常精彩，因很多作品都有超越圖畫和文字的深意，例如講真情更勝空洞語言的《文字工廠》和描述可貴親情的《團圓》等，都是我家孩子們的最愛，經常追着我們講了又講。這些圖書讓我們驚喜的地方，就是除了能激發孩子的閱讀興趣之外，還培養了他們的專注力、聯想力和表達能力。

又不知從何時起，太座的講故事技巧大有進境，變得活潑生動，似上演劇場，讓孩子熱愛共讀，而以往極受歡迎的「誇張爸爸」時段，竟漸漸被溫柔的「魔法媽媽」所取代。

又不知從何時起，一羣孩子聚會時，總會加插故事環節，精力旺盛的小孩，輕易地被輪流擔綱的故事媽媽馴服，看見他們排排坐，興奮地聽故事，在旁把酒的爸爸們無不嘖嘖稱奇。

直到某天，我參加了一個活動，聽到一把聲音在台上講故事，台下大人小朋友皆如痴如醉，心想何解這「講古人」如此有魅力？為何這聲音與節奏如此親切，風格又似曾相識？想着想着，謎團已經解開，原來太太在家講故事的真傳和選書秘訣竟源自台上這位故事達人——菜姨姨！

太座還與她的朋友一起參加了「菜姨姨讀書會」，一羣「師奶」產生協同效應，發揮故事力量。以下，是她們對菜姨姨的心聲：

　　「她講故事的聲線和表達方式與眾不同，第一次聽後才驚覺原來故事可以這樣演繹。」

　　「她以媽媽的身分帶領其他媽媽親子共讀，形象很親切，簡單舒服，不像其他人般講求回報和效益。」

　　「她引導我們看清隱藏故事背後的寓意，讓媽媽們能多角度思考。菜姨姨多年來身體力行推動親子閱讀，真心做實事，令人由衷佩服。」

　　「菜姨姨和其他導師不同，她無商業元素，單純熱心推動親子共讀和品格培養，是少見的很有心地身體力行將講故事傳統傳承的人，潛而默化地正面影響香港的新生代，建立正面的社會氣氛。」

　　多謝我家的「師奶」和她的「師奶」朋友，亦衷心感激我家「師奶」背後的「師奶」——菜姨姨，她在爸媽和小孩心裏種菜。如果要用一個字來形容菜姨姨，我想到的反而是一個標點符號——「，」（逗號），因為每次聽完她講故事總覺意猶未盡，欲罷不能，逗號表達了小歇，代表着接下來還有無限驚喜。

　　快開講啦，菜姨姨！

現任香港浸會大學新聞系
高級講師、前記者
呂秉權
2016 年 5 月

我喜歡與人分享好書。對我而言,每本書都是開啟新世界的門窗,書中的隻言片語,每一頁,每一句,以至各式各樣的人物都好像向我呼喚,帶着我一起遊走,引領我暢遊書的世界,享受閱讀的樂趣,讓我如同站在巨人的肩膀上,眺望得更遠,生命更廣闊。

《菜姨姨的書櫃》不是一本介紹圖書的指南,本書的內容充滿着愛與關懷,希望透過圖書所滿載的智慧,灌溉孩子的心靈,把優質的故事作為他們成長的養分,並且為父母們加油打氣,鼓勵他們多與孩子親子共讀,留下美好的回憶!

全書分為兩大部分,首部分是「送給爸媽最真摯的禮物——與繪本創作者面對面」。我邀請了十位來自兩岸三地的著名童書作家和畫家一起真情對話,透過我們的互動、交流和分享,讓更多父母能走近他們。

完成這十個訪問是一件非常值得感恩的事情。在我推動親子共讀的生涯裏,上天讓我認識了很多圖書創作者。回想邀約他們時,戰戰兢兢的感覺不禁湧上心頭,既擔心被拒絕,又怕他們忙於創作,沒時間跟我聊天。幸好他們都沒有給我「吃檸檬」(拒絕我),讓我透過

訪談增加對童書創作的了解,更重要的是認識自己的另一面,因為我請他們各用一個字來形容菜姨姨,萬料不到在沒有既定的範圍下,十位被訪者的回應都是獨一無二,完全沒有重複。

看!黃志民説我「執」;劉斯傑用了「熱」;嚴吳嬋霞用

了「火」；嚴淑女用了「真」；朱
成梁是「爽」；阿濃用了「甜」；
廖小琴用了「暖」；林小杯用了
「亮」；湯姆牛用了「綠」；劉伯
樂用了「讚」，如果把這些單字拼
合起來讀，就是「執熱火真爽甜暖
亮綠讚」，感覺非常有趣。因為我
「執」所以有夢，有夢令我更「熱」
更「火」，懷着「真」心，配合「爽」

朗個性，加上「甜」嘴巴，期望帶着溫「暖」照「亮」大家的閱讀之路。
我是一棵菜，愛穿「綠」衣裳，有機會為大家服務是我的光榮。最後，
要「讚」美上天，感恩賜我講故事的能力，讓我能從講故事之中分享
愛。

　　本書另一部分是「送給孩子生命中最好的禮物──20 本菜姨姨
摯愛好書」。我從茫茫書海裏，為孩子精心挑選了二十本圖畫書，並
把書中的信息簡明扼要地道出。

　　還記得 1998 年出席香港書展的活動，我站在兒童天地舞台上，
主持人先用《小王子》一書作開場白，而我負責分享親子共讀的重要。
我透過《小王子》的故事跟參加者分享「看東西只有用心才能看清楚。
重要的東西，眼睛是看不見的。」這信息，因為我深信親子共讀是用
心陪伴孩子看書，才能讀到書中的真實面貌；換言之，要用心去愛孩
子，才能讓他們從你的身上感受愛！不經不覺快將廿年了，在過去推
動閱讀的過程中，實在有太多好書打動了我，令我久久未能忘懷，因
此，要從書櫃中選出自己最心愛的二十本書，實在艱難至極！終於，

幾經掙扎，左思右想之後，那些選出來的心頭好都滿載人生智慧和生命價值，反映着我的人生座右銘。例如書中介紹了《大熊抱抱》，當讀到擁抱是無聲勝有聲的力量時，快去擁抱至愛親人，凝聚愛與關懷吧；從《一半一半？》學習尊重，要從他人的立場看待所有事物，才能讓自己的胸襟更廣闊；《大木棉樹》中的這句「明天要發生什麼，要看你今天做了什麼。」提醒我必須要關注環境保護⋯⋯期望通過我所撰寫的導讀文字，能啟發父母反思書中的智慧，引導孩子感受書的力量，並讓書中的智慧伴隨他們成長。

　　我一直堅持推動閱讀，是因為我相信開卷有益，閱讀能活化大腦，透過閱讀讓我更愛學習，更年青，也更快樂。我希望各位大小朋友能和我一樣從閱讀中得到快樂，並能為自己的人生儲備更多正面能量。所以，就算你已經完成了學業，並考取了所需的專業資格，也請你繼續閱讀，並相信「人生是一輩子的事，閱讀也是一輩子的事」。

　　最後，感謝陳宇慧（鄭丰）小姐和呂秉權先生賜序，並謝謝新雅文化事業有限公司出版本書。

菜姨姨（蔡淑玲）

2016 年 5 月

送給爸媽最真摯的禮物

與繪本創作者面對面

我邀請了十位來自兩岸三地的著名童書作家和畫家一起真情對話，透過我們的互動、交流和分享，讓更多父母能走近他們。完成這十個訪問是一件非常值得感恩的事情……

嚴吳嬋霞

香港著名兒童文學作家

繪本作品包括

《姓鄧的樹》
《大雨嘩啦啦》

嚴吳嬋霞，香港兒童文學作家，香港親子閱讀書會會長，並曾任童書出版社總編輯多年。她一直不斷為香港的小讀者創作及翻譯兒童文學作品，其作品不少曾奪中港重要的文學獎項，如：《姓鄧的樹》便曾獲得上海陳伯吹兒童文學獎的優秀作品獎，及後更於 2015 年獲得冰心兒童圖書獎。此外，她又致力出版優秀的兒童文學作品，推動香港兒童文學的發展。

　　認識嚴太廿多年，我當然也是她的粉絲，是她感染了我，為子女實踐親子共讀；並由此燃點起我的夢想，到社區推動閱讀，培育更多故事爸媽，一起努力傳承親子共讀的文化。不經不覺便將近廿載了，還記得當年第一本到學校講故事的書，正是她的作品《大雨嘩啦啦》，能夠有機會與她暢談，我感到很幸福。

菜姨姨 10 問

1　菜：當年我為小朋友講《大雨嘩啦啦》的故事時，已感到故事充滿想像力和童趣，你是怎樣構思這故事的呢？

　　嚴：說起《大雨嘩啦啦》的創作過程，是建基於我和兒子良好的親子閱讀關係。回想當年有了第一個孩子之後，我就常常跟他唱兒歌、說故事、聊聊書，分享故事的意義，彼此交流溝通，把故事延伸思考，甚至自創另一個故事。有時候，他會天馬行空，古靈精怪，好像手執魔法棒，要將故事添上色彩！創作《大雨嘩啦啦》的故事就在兒子四歲的

那一年。有一天，愛自己洗澡的他，小手捧住小水盆，一邊沖身，一邊自言自語地説：「下雨啦，下雨啦，天上有個大巨人，一盆一盆的水倒下來啦……」當聽到他在組織故事時，我不禁偷笑起來，心想：嘻嘻！他又來了……就像小作家一樣，他的靈感如泉湧啊！當刻，我靈機一動，為什麼不把他的創意好好地寫下來呢？於是，我馬上把他由心出發的情節記錄下來，再把故事整理好。

菜：原來你家的小作家是如此煉成的。所以，我常跟家長説，親子共讀能為爸媽和孩子留下美好而甜蜜的回憶！

好書分享

《大雨嘩啦啦》
文：嚴吳嬋霞
圖：辜昭平
出版社：新雅文化
出版年份：1999 年

內容簡介

嘩啦啦是雷神的女兒，她有很多壞習慣，例如：吃完飯從不擦嘴，弄髒了臉也不去洗……即使風哥哥和太陽伯伯怎麼勸她，她都不聽。究竟嘩啦啦後來是怎樣改正自己的缺點呢？這個生動有趣的故事，指出了一些小朋友常犯的小毛病，能讓他們在開心的閱讀中受到教育。

2　菜：你在 2014 年出版的繪本《姓鄧的樹》很受歡迎，我在爸媽讀書會裏介紹給家長，其中一位媽媽剛好姓鄧，也是元

朗圍村人，她深受你的作品所感動，於是買了很多本送給
她的親友。請為我們分享你創作這書的過程吧！

嚴：《姓鄧的樹》是我最喜歡的書。話說上世紀 80 年代，我
　　已經當了母親，那時在恆生商學院擔任圖書館館長。因為
　　我的丈夫在古物古蹟辦事處工作，所以，我們和孩子經常
　　在周末一起到新界探訪各圍村。有一次，我們去到元朗錦
　　田水頭村，見到一株巨大的老榕樹，纏繞着一間石屋，那
　　石屋似乎已無人居住，片瓦無存，只留下屋的一些磚牆和
　　一具麻石門框。據說那屋建於明朝晚年，是錦田鄧族的建
　　築，而這株老榕樹屬細葉榕，估計最少也有三百歲。這個
　　「屋樹合一」的奇景令我印象非常深刻，一直念念不忘，
　　希望能把這棵有故事的樹寫下來。盼望藉着這個故事，能

帶出隨着時代變遷，人類不斷進步，在開拓發展的同時，我們還是要關注歷史古蹟和本土文化，加以保存和推動保護環境的信息。

菜：我那位媽媽書友在元朗長大，她説老榕樹是她的成長印記，《姓鄧的樹》讓她可以和孩子分享兒時的回憶，因此，她由衷地感謝嚴太創作了這個故事啊！

好書分享

《姓鄧的樹》

文：嚴吳嬋霞
圖：鄧美心
出版社：新雅文化
出版年份：2014 年

內容簡介

香港在上世紀 70 年代開始出現都市化，隨着土地發展，新界經常出現拆村屋建新樓之事。鄧家棟原本和祖父祖母一起住在元朗錦田的祖屋裏，他的家旁邊有一棵老榕樹。一天，從英國回來的爸爸説要把祖屋的地賣掉，並接家棟去英國居住，家棟只好懷着依依不捨的心情跟爸爸一起到英國去。家棟走後，地產商很快便來拆毀他家的祖屋，就在這時，祖屋旁的那棵老榕樹卻突然從它的枝條冒出一根又一根的氣根，把房子緊緊纏着，令地產商束手無策。直到今天，這棵老榕樹仍在，它就是「姓鄧的樹」。

3 菜：你是推動親子共讀的先驅，早在 1986
年已開始推動親子閱讀，請為家長分
享當中的苦與樂。其中有什麼挑戰嗎？

嚴：哈哈！於我而言，推動親子共讀從來
都沒有苦，只有樂，而且一直都好快
樂。回想起 1985 年的時候，香港閱讀
學會、香港小童群益會及香港明愛合
辦了第一屆「親子閱讀運動」，而我
是其中一位演講嘉賓，當時親子閱讀
是新鮮事，一點也不普及；於是，我
把親子閱讀的理念歸納為十個重點，
名為「親子閱讀十大妙策」在演講中
分享。結果，簡潔的信息深入民心，想不到不少學校的老
師和校長都主動來邀請我，希望我可以為家長分享更多閱
讀心得。就這樣，除了平日上班工作之外，我便利用星期
六及日的時間，展開了我的推動閱讀之旅。

菜：我絕對認同推動親子共讀非常快樂，不過我也想跟你分享
我自己在推動共讀的過程中，感覺最「苦」的就是時間不
夠啊！

4 菜：我知道你一直以來都積極推動香港兒童文學，這是你的夢
想嗎？

嚴：是呀！當我九歲的時候，已經立志要當一位教師，作育
英才。而我後來真的成為了一位語文教師，而且尤其喜歡

研究兒童文學，因為它具備豐富的教育價值，有助語言教育、人格教育，培養孩子合羣合作、同理心，能達至見賢思齊等。在社區推動香港兒童文學，對本土文化發展很有幫助。因為兒童讀物出版的種類多寡，其內容質素，可以反映社會的經濟發展及文化素養程度。所以，我希望自己不只是一位教師，還能為推動香港兒童文學而努力。

菜：嘩！夢想成真又能堅持至今，嚴太真的了不起！了不起！

5 菜：你為我們的小朋友創作了那麼多優質的圖書，你最想在自己的作品裏傳遞什麼信息給小朋友？

嚴：我認為優質的兒童圖書，要有「正面價值」和「積極光明」的信息，讓小朋友充滿力量，守護孩子赤子心，相信世界會更美好。

菜：對呀！「守護孩子赤子心，相信世界會更美好」真是非常重要。如果我們的孩子懂得從圖書中獲得積極光明的信息，就算面對生活中的挫折也比較容易面對啊。

6

菜：哪位作家是你的最愛？為什麼？

嚴：我最喜歡的作家是冰心，她的作品貼近孩子的思維，以愛
來傳遞主要信息，也特別關注普羅大眾對愛的重視，讓單
純而又真誠的愛心成為我們的核心價值。

菜：原來冰心最初的志願其實是當一位救死扶傷的醫生。但到
五四運動時她被推選為大學學生會文書，並參加了北京女
學界聯合會的工作，因而開始了她的創作之路。

7

菜：可否為讀者們推介一本你最喜歡的兒童圖書？

嚴：我最喜歡的圖書除了《姓鄧的樹》之外，就是《野獸國》。
不過，我個人卻不大喜歡這個中文譯名，因為這書的原名
是 *Where the Wild Things Are*，我認為書名的意思主要關
於主角阿奇的想法和行為，所以如果換成由我來翻譯，改
為《野東西的所在》可能比較貼切。我不希望把這書的名
稱及重點信息放在阿奇幻想出來的野獸身上，而是應該回
歸在他自己的想法上。無論如何，這本書是經典的兒童圖
畫書，能讓孩子投入在故事主角阿奇的身上，通過想像來

消除心中的壓抑，化解他與媽媽的矛盾。

菜：我也喜歡《野獸國》。我常鼓勵家長和孩子共讀這書時，
　　要讓孩子投入阿奇的經歷，引發共鳴，好讓故事成為親子
　　討論的好材料，增進彼此的溝通和了解。

好書分享

《野獸國》
文 / 圖：莫里士・桑塔克
出版社：英文漢聲
出版年份：2010 年

內容簡介

一天晚上，阿奇在大撒野時，媽媽
叫他小野獸，命令他上牀睡覺，不
准吃晚飯。阿奇非常氣憤，心裏想：
可能我就是小野獸吧！我索性就到
野獸國去。逐漸的，透過文字與圖
片的魔術，阿奇的現實世界慢慢離
開，房間變成了森林、天空、海
洋⋯⋯究竟阿奇將去哪裏？

8　菜：在你眾多的作品中，你最想菜姨姨講哪一個故事？為什
　　麼？

嚴：還是《姓鄧的樹》。希望你能推動更多小朋友關心環境保
　　護，藉着鄧家棟的故事了解鄉土關懷，從中認識自己的本
　　土文化，並提升大家對保育及文化的意識，一起維護多元
　　文化。

菜：我一直對於以保護環境為題材的故事十分關注，何況這故
　　事是關於香港的，一定支持！

9

菜：我記得你曾經説過我是上世紀 90 年代的親子共讀推手，並鼓勵我説：「我們的孩子及父母需要您繼續講故事！謝謝您的愛心和努力。」因而令我更堅持將好的故事講出去，不過在這過程中我也自知不足，請問你有什麼要提點我嗎？

嚴：這個問題真的要想一想啊！我在上世紀 80 年代開始推動親子閱讀，而你就是 90 年代開始，不只分享親子閱讀的好處，你還為小朋友講故事，用好故事來感動人。其實，我們一直都好努力，而且永不放棄，仍然堅持要為孩子帶來美好回憶，所以見到你越來越有「火」，不斷前進，沒有什麼提點的地方，只祝願你繼續保持自我，站穩自己的立場，讓世界變得更美好就是了。

菜：有朋友説我是親子共讀的旗手，想起親子共讀就會聯想起我這棵菜。沒錯！我對他們説菜姨姨是旗手，把共讀理念推廣開去，然而，嚴太才是先鋒，沒有你撒種子，旗手是不能澆水施肥啊！

10

菜：如果要你用一個字去形容菜姨姨，你會用哪一個字？

嚴：「火」，感覺到你心中仍然有一團火！

菜：我覺得嚴太永遠像花兒般漂亮。感謝你的鼓勵！對啊！我心中那團火，讓我能堅持站穩自己的立場，努力讓世界變得更美好。

與阿濃面對面

阿濃

香港著名兒童文學作家

作品包括

繪本《漢堡包和叉燒包》
散文集《點心集》
短篇小説集《本班最後一個乖仔》

阿濃，原名朱溥生，於 1947 年定居香港，1953 年就讀葛量洪師範學院。他從事教育工作三十九年，曾先後於鄉村學校、官立中小學、工業學校和情緒問題兒童學校任教；並曾為十種以上報刊撰寫專欄，及擔任過報刊編輯。此外，他更曾擔任香港教育專業人員協會理事及監事、香港兒童文藝協會會長、加拿大華裔作家協會副會長。

散文、小說、新詩都是阿濃常寫的文學體裁，曾出版文集過百種。其著作曾多次入選中學生好書龍虎榜「十本好書」，並數度被中學生票選為「最喜愛作家」。作品又曾獲香港文學雙年獎、冰心兒童文學獎、陳伯吹園丁獎。他退休後移居加拿大，至今仍持續寫作。

能夠在這裏與阿濃對話，除了感到榮幸之外，不知道要怎樣形容自己的心情，還是跟他一起談談故事吧⋯⋯

菜姨姨
10 問

1　菜：阿濃，你好嗎？可否為我們分享你的近況？

　　濃：菜姨姨，你好，很樂意接受你的訪問。我移居溫哥華已二十三年，身體還可以，每天都寫作，包括兩個報章專欄和每年一兩本書稿。我與老伴和三個兒女、兩個孫女同在這邊，一個兒子在香港故居。一隻可愛的貓兒常在我左右，我曾為她寫過一本書叫《濃貓》。

▲ 阿濃與「濃貓」。

菜：阿濃老師真好，享清福呢！不只可以享天倫之樂，也繼續
　　做着自己喜歡的事，還有可愛的「濃貓」陪伴在側，樂
　　哉！

2　菜：你認為故事對小朋友成長有多重要呢？

　　濃：故事對小朋友的成長太重要了。好的故事影響一個人的一
　　　　生，他們的品德怎樣，志向如何，快樂不快樂，有沒有智
　　　　慧，走一條怎樣的人生路，都受故事影響。

　　菜：對呀！而且孩子也可以從好的故事中找到生命的力量。

3　菜：我特別喜愛繪本《漢堡包和叉燒包》，當中的文字帶出了
　　　　很多信息，例如：小強是個健壯的小孩，所以他會主動為
　　　　爺爺拿書，明確地向小朋友帶出「關懷」的概念。當爺孫
　　　　兩人對食物有不同意見時，難得的是小強從心出發，勇於
　　　　表達自己的意見，讓「尊重和接納」的信息呈現出來。當
　　　　你創作這個故事時，還有別的含意嗎？

　　濃：我寫《漢堡包和叉燒包》的主要目的是每個家庭成員都要
　　　　學習和家人溝通，了解對方的想法，尊重對方的選擇，消
　　　　除代溝。另一個目的是小朋友要認識家庭的歷史，最起碼

要認識長輩親人的名字。當然進一步要認識他們的過去和他們現在的工作狀況。

菜：所以，當我為小朋友講《漢堡包和叉燒包》時，也愛問他們知不知道爺爺叫什麼名字，大部分小朋友都會馬上告訴我。不過最深刻的是有一次，一位讀二年級的小學生竟回答我說：「對不起！菜姨姨，這是私隱，我絕對不會隨便向別人透露⋯⋯」頓時惹來其他同學捧腹大笑，我也哭笑不得！

好書分享

《漢堡包和叉燒包》
文：阿濃
圖：高鶯雪
出版社：新雅文化
出版年份：2015 年

內容簡介

一天，小強和爺爺高高興興地去買圖書，但到了吃午飯時，兩人卻爭論起來了。因為爺爺想和小強去飲茶吃叉燒包，但小強卻只想吃漢堡包。於是，爺爺只好獨自一人去吃叉燒包，而小強則自己一個去吃漢堡包⋯⋯沒想到後來小強也吃起叉燒包來，而且覺得叉燒包的味道確實不錯，究竟為什麼呢？

4 菜：我覺得《漢堡包和叉燒包》不只是一本兒童繪本，更是「家長錦囊」，它寶貴的地方是能激發孩子延伸思考，除了讓他們更願意與家人溝通之外，你覺得他們還可以做些什麼？

濃：這是一本適合家人共讀的書，讀完還要有行動，比如：學寫爸爸媽媽、祖父祖母、外祖父外祖母的名字；認識故鄉所在，在地圖上找出位置，在電腦上找尋圖片，相約長假期回鄉旅遊；找出祖父祖母、爸爸媽媽的舊相冊認識他們的過去等。

菜：此外，我喜歡《漢堡包和叉燒包》能激發大人思考怎樣從不同的意見中取得共識，且不會勉強對方接受己見。就好像小強喜歡吃漢堡包，爺爺想飲茶，雖然意見不一樣，但他們還是能夠真誠地向對方表達，不會猜疑，也不會隱藏，更加沒有為了討好對方而盲從附和。《漢堡包和叉燒包》的可讀性真的很高。

5 菜：你最想在自己的作品中傳遞什麼信息給小朋友？

濃：最想傳遞的是愛——對家人、老師、同學、社會、國家、人類、大自然的愛。

菜：好呀！在華人的世界裏，似乎普遍都有「愛在心裏口難開」的想法，期待你的新作品，為孩子傳遞對家人、老師、同學、社會、國家、人類、大自然……這些愛的信息。

_6_

菜：哪位作家是你的最愛？為什麼？

濃：我最喜愛的作家是宋朝的蘇軾，他的文章、詩、詞、書法都是一流，感情豐富，很能引起我的共鳴。他又是一位愛民的好官，在西湖建造了一道蘇堤，在堤上散步，愉快極了。

菜：說起蘇軾，我覺得不得不提他的父親蘇洵及弟弟蘇轍，他們都能寫得一手好文章，合稱「三蘇」。蘇軾和弟弟蘇轍既是好兄弟，又是好朋友。我記得蘇軾的一首詞作《水調歌頭》是他因為懷念在遠方的弟弟而寫的。雖然他們兄弟兩人因為做官常常都不在一起，但據說他們仍頻密地保持書信來往，最少每隔一個月就有一封，相當不容易呢！

7 菜：可否為讀者們推介一本你最喜歡的兒童圖書？

濃：我要推介給大家的是《安徒生童話》，尤其喜歡裏面的《醜小鴨》和《賣火柴的小女孩》。

菜：這些都是經典童話啊！

8 菜：在你眾多的作品中，你最想菜姨姨講哪一個故事？為什麼？

濃：我想菜姨姨講《不一樣的故事》中的《回到廢村》，因為那是一則香港本土味濃，真實又感人的故事。

菜：好啊！我喜歡香港本土故事呢！

好書分享

《不一樣的故事——
阿濃愛的故事 32 篇》
文：阿濃
出版社： 突破出版社
出版年份： 2013 年

內容簡介

全書共有三十二篇關於愛的故事，其中包括愛情、親情、友情……作者希望通過撰寫這些表面平淡，卻飽含深情的故事，喚醒讀者細細體會現實生活中可能忽略了的深情厚意。

9
菜：你有新的創作計劃嗎？

濃：我這幾年寫了五本中國文化系列的故事，讓同學們認識中國歷史和文化中美麗的人物和作品，現在準備寫第六本。

菜：阿濃老師真厲害！希望未來有更多關於中國歷史和文化的故事，讓小朋友進一步認識自己的國家。

10
菜：如果要你用一個字去形容菜姨姨，你會用哪一個字？

濃：我會用一個「甜」字來形容菜姨姨！聲音甜、笑容甜，所說的故事也像蘋果一樣甜。

菜：謝謝阿濃老師，我喜歡吃甜品，甜會令人開心啊！

與劉斯傑
面對面

劉斯傑
香港著名作家及畫家，立體書創作人

作品包括
繪本《香港百年變變變》
立體書《香港彈起》、《車仔檔》

相信喜歡立體書的讀者，一定會留意到《香港彈起》這部作品，這本書記錄了香港的歷史和文化，它同系列還包括《陸上公共交通》、《香港節日》、《車仔檔》、《盒仔檔》，以及《童年樂園》……這些具本土特色的作品，就是來自全職自由創作人劉斯傑先生。

原來擅長製作立體書的劉斯傑，一直也希望透過自己的作品為香港作記錄，並希望能通過自己創作的書，讓我們的孩子進一步了解自己成長的地方。於是他專注研究香港歷史，日以繼夜蒐集資料，以圖畫來記錄香港百年的變化，為我們的孩子創作了《香港百年變變變》。這本以維港兩岸反映香港百年變化的繪本於 2015 年的暑假出版了。

當我看到這書時覺得非常感動，作為香港人怎不喜歡「香港製造」呢？而我覺得他，的確是我們香港人的驕傲。

菜姨姨 10 問

1 菜：知道你曾於 2007 年，擔任動畫公司美術及創作總監，製作了動畫《我阿媽係外星人》。我看後非常感動！它讓我想起從前的媽媽如何肩負照顧家庭的責任；不過，到了今天，媽媽除了照顧家庭外，還要上班，比外星人更厲害呢！當時你還未當父親，對嗎？現在已為人父，你又怎樣看今天的媽媽呢？

▲ 短片《我阿媽係外星人》曾出版製作專集。

劉：為人父母從來不容易，過去和現在沒有很大的分別。但現今社會對一個好父母的要求高了，父母要兼顧的確實比從前多。除了日常基本教導之外，還要引導子女面對這個每日變化急速和複雜的社會，讓子女能夠懂得思考和分析，又不能忽略他們的獨立想法，要細心聆聽和溝通，這是過去父母較少關注的。

菜：我非常同意你說現今的父母要「讓子女能夠懂得思考和分析，又不能忽略他們的獨立想法，要細心聆聽和溝通」。我雖然是一個愛講故事的媽媽，但又喜歡跟子女討論社會現況，也經常反思要怎樣與子女一起成長，建立聆聽和溝通的關係。

2

菜：我有聽說過，你是因為製作《我阿媽係外星人》時要走進香港的大街小巷做資料搜集，這使你忽然對香港這城市重新燃起興趣來，所以後來你的作品大都是有關香港的文化回憶。這些作品之中，哪一本的創作過程是最困難的呢？

劉：回望過來沒有太大的困難，所有創作過程我都樂在其中。不過如果要說上唯一的困難，那就是時間，有時我會覺得自己好像和這個變化中的巨輪競賽，很多時候都要在事物消失前便把作品完成。

菜：恭喜你呀！能夠對自己的工作樂在其中，是一件幸福的事。不過從你的話中，又讓我反思到社區發展與文化保育之間的關係，兩者之間確實充滿矛盾。

3

菜：你的著作《香港百年變變變》出版後引起很大的回響，銷量非常理想，到了今天，你有何感受呢？

劉：要感謝讀者支持！另外一個很重要的因素，就是新雅文化的董事總經理尹惠玲小姐全力協助及推廣，令這本記錄香港變遷的兒童繪本得以完成及接觸更多的讀者。

菜：對呀！你的回應盡見你那充滿感恩之心。

我最愛把《香港百年變變變》送給外國朋友，這位是美國著名的得獎作家，雍·卡拉森（Jon Klassen）。

我女兒從德國來的朋友。

好書分享

《香港百年變變變》
文／圖：劉斯傑
出版社：新雅文化
出版年份：2015 年

內容簡介

作者精細繪畫十幅不同時期的維港兩岸全景圖及十幅市民生活特寫圖，反映香港百年變遷；並配以十個擴增實境效果（AR effect），活現十個具代表性的歷史場景。讓讀者看看香港怎樣由一個落後的小漁村，逐漸發展變化為繁華熱鬧的國際大都會。

4

菜：可否與我們分享你的親子共讀心得？

劉：我覺得我和女兒比較特別的親子共讀經驗就是當她學習中
　　文詩詞時，很多時候也無法理解，我便會索性邊講解邊把
　　當中的意境畫出來，這不但讓她更容易明白，更能感受到
　　作者的心情，而且她也樂在其中呢！

菜：嘩！你的女兒真幸福啊！

5

菜：你最想在自己的作品中傳遞什麼信息給小朋友？

劉：珍惜現在所擁有的，和不要低估自己能夠改變命運的力
　　量。

菜：絕對同意！非常重要！

6　菜：哪位作家是你的最愛？為什麼？

　　劉：《地海傳說》的作者，美國作家娥蘇拉‧勒瑰恩 (Ursula K. Le Guin) 。因為《地海》系列是我最愛的幻想小說作品，她在作品中對幻想世界的細緻描繪，主角在經歷種種事情後性格的轉變，對生命的看法等，都令我十分感動。

　　菜：謝謝你的推介，對於幻想小說我不太認識，讓我試讀一下，再對你說說感想。

《地海六部曲》
作者：娥蘇拉‧勒瑰恩
出版社：繆思出版社
出版年份：2012 年

內容簡介
地海是一個由浩瀚海洋與無數島嶼構成的世界，魔法是這個世界運行的法則與動力。在這裏，精通法術的巫師握有改變世界的力量，但也必須謹慎維護萬物之間的平衡……

這系列藉由奇幻冒險的背景探討青少年成長的心理歷程，深刻描繪了青少年面對的種種困惑和危機。

7　菜：可否為讀者們推介一本你最喜歡的兒童圖書？

　　劉：我會推介《十萬個為什麼》，這套書所涉及的範圍很廣泛，香港小朋友不太喜歡問為什麼，而它啟發了小朋友去了解事情發生的原因。

　　菜：《十萬個為什麼》有很多不同的版本，都是很好的書，的確能培養小朋友的好奇心啊！

8 菜：在你眾多的作品中，你最想菜姨姨講哪一個故事？為什麼？

劉：我的作品多不是故事形式，但如果真的要講的話，我希望是《車仔檔》，能邊吃邊聽就更好了！

菜：好主意！我也很想吃車仔檔的食物呢！

9 菜：你有新的創作計劃嗎？

劉：我未來希望能創作一些令小朋友關心城市發展及變遷的繪本。

菜：期待！讓我們的孩子可以從繪本中了解自己居住的城市的發展，也鼓勵他們愛護自己的土地。

10 菜：如果要你用一個字去形容菜姨姨，你會用哪一個字？

劉：「熱」，是對講故事充滿熱情的「熱」字。

好書分享

《車仔檔》

文／圖：劉斯傑
出版社：三聯書店
出版年份：2011 年

內容簡介

本書以立體書形式向讀者介紹充滿香港本土文化特色的街頭小食車仔檔。書內有會播放主題曲旋律的立體雪糕車、炭燒雞蛋仔木頭車、現已不復見的擔挑臭豆腐等。除了可看到各款車仔檔立體呈現於眼前外，還附有各款小吃的介紹，看得人口水直流。

菜：謝謝斯傑，我為孩子講故事時，的確很「熱」，因為沒有
這股熱力，就不能把故事的力量帶出來啊！

與黃志民面對面

黃志民

台灣著名兒童繪本作家及畫家

繪本作品包括

《阿里愛動物》
《吹牛》
《魯班與阿奇》

菜姨姨、黃老師和太太、鄭如瑤小姐（左起）於南京豐子愷圖畫書獎頒獎典禮上合照。

　　黃老師與我的緣分要從 2012 年說起，當年到台灣參觀書展，認識了小熊出版社的總編輯鄭如瑤小姐，如瑤給我推薦了許多優質圖書，其中《吹牛》和《阿里愛動物》令我一看鍾情。在《吹牛》的封面，只見一位男孩臉紅耳熱地在吹「牛」——是一隻粉紫色的牛啊！那畫面非常逗趣。還有，《阿里愛動物》也令我愛不釋手，不只文字的節奏鮮活生動又押韻，而且圖畫中還有奇形怪狀的怪獸，營造出生動多變的視覺效果。後來知道《阿里愛動物》獲得了第三屆豐子愷兒童圖畫書獎佳作獎，我當下興奮不已，覺得這書真是實至名歸。到了 2013 年 10 月，我們在豐子愷兒童圖畫書獎在南京舉行的頒獎典禮中終於首次碰面。

　　是「因緣」吧！我們兩位正在進入人生下半場的人，竟有機會合作創作繪本，那正是我在 2016 年出版的第一本正式的繪本創作——《菜園愛書》。從來沒有想過一位得獎童書創作者會願意為我的書繪畫插畫，眷顧我們香港的孩子，給我們正面的力量。

　　也許是因為我實在太希望有一本關於菜姨姨推動閱讀的繪本了，於是在出版社新雅文化的支持下，我不得不厚着臉皮，主動出擊接觸黃老師，看有沒有合作的機會。結果，竟靠着我們都不擅長，又不多使用的臉書上的聯繫，產生了化學作用，促成了我們創作圖書的這件事。黃老師成為了我的圓夢天使，助我達成了出書的夢想！

1

菜：進入了人生下半場的你，是否更輕鬆自在盡情創作呢？

黃：退休後的創作生活較無牽絆，自然可以暢所欲畫，覺得很充實。

菜：真的要恭喜黃老師，退休後能好好享受人生，做自己喜歡的事。

2

菜：當見到《菜園愛書》短短的文字後，圖畫創作的靈感從何而來？

黃：我們家向來鍾愛食用各種青菜，我常負責買菜、挑菜、洗菜，對蔬菜的造型覺得熟悉，畫起來便勝任愉快；在情感上，雖沒有種菜經驗，但因為喜歡吃，所以有充分的觀察，也就成為創作的養分來源了。

菜：在你筆下的蔬果，每個都鬼馬可愛，相信你必定是一邊吃菜，一邊觀察，又一邊幻想啊！

3

菜：可否和我們分享一件在繪畫《菜園愛書》時發生的難忘事？

黃：為了讓擬人化的蔬果色彩更寫實，除了在台灣不容易買到的西洋菜外，其他的蔬果我真的都去買了來看着上色。那段時間家裏就有了：畫完、吃掉，畫完、吃掉……的節奏感。

菜：呵呵呵！真是非常環保啊，待你來港時，我一定會陪你去市場買西洋菜，再回家煲西洋菜湯給你試試，讓你可以徹底了解西洋菜這東西。

4

菜：你認為優質的兒童圖書有什麼特點？

黃：首先當然要讓小孩喜歡，還可以寓教於無形，幽默而不流俗，還能感受到創作者的認真態度，及優美的圖畫與文字用語。

菜：要做到「寓教於無形，幽默而不流俗」真的不容易，但我覺得黃老師的作品已經做到了！

5

菜：你最想在自己的作品中傳遞什麼信息給小朋友？

黃：美感（畫面）和創意（書裏可以做什麼活動），就以《菜園愛書》為例，如前後頁的圖像銜接，和尋找小小菜姨姨等。此外，通過構圖，還能為讀者帶來快樂。

菜：閱讀《菜園愛書》的確能傳遞「美感」、「創意」和「快樂」的信息，當我為小朋友講這故事時，孩子們從畫面中享受圖畫之美，發現當中的創意，再從尋找「小小菜姨姨」中獲得快樂的成功感！看着小朋友們尋菜時興奮的樣子，我也會興奮起來呢！

6

菜：哪位作家是你的最愛？為什麼？

黃：我有幾位非常欣賞的童書作家及畫家，他們分別是：荷蘭的漢斯・比爾 (Hans de Beer)、美國的藍・史密斯 (Lane Smith) 和大衛・威斯納 (David Wiesner)，以及英國的安東尼・布朗 (Anthony Browne)，我就是喜歡他們的畫風。

菜：我們簡直是趣味相投！

7　菜：可否為讀者們推介一本你最喜歡的兒童圖書？

黃：我喜歡很多書，特別喜歡安東尼·布朗的《大猩猩》。建議給忙碌的大人閱讀，非常有意思，也許故事的信息可以幫助減少不少教養問題。

菜：我也特別喜歡安東尼·布朗。記得我曾經在南京見過他，既緊張又興奮，心裏不禁「卜卜」跳呢！他在《大猩猩》裏以細膩筆觸，刻畫出一個忙於賺錢的爸爸，以及從單親家庭中成長的女兒的生活。作者營造出一個超現實世界，使小女孩內心的寂寞得以宣洩。當中探討的親子關係和單親問題，的確值得我們深思。

好書分享

《大猩猩》

文／圖：安東尼·布朗
出版社：格林文化
出版年份：2007 年

內容簡介

小女孩安娜酷愛大猩猩，她所看的書，所用的物件全都和猩猩有關。她每天盼望着爸爸帶她到動物園看猩猩，可是爸爸卻總是忙於賺錢，抽不出時間來陪她。直到安娜生日的晚上，一件非常奇妙的事情發生了……

8　菜：在你眾多的作品中，你最想菜姨姨講哪一個故事？為什麼？

黃：《100 隻豬與 100 隻大野狼》。我相信菜姨姨可以百分之百細膩活潑地表達我在書中想傳達的信息，也就是呈現

在畫面裏的趣味。

菜：好啊，我覺得那個故事非常耐人尋味！

好書分享

內容簡介

很久很久以前，河邊住着 100 隻豬，
每隻豬都有重要的工作，他們每天都
各司其職，過着幸福快樂的日子。可
是有一天，來了 100 隻大野狼，想要
吃了 100 隻豬，究竟結果如何呢？

《100 隻豬與 100 隻大野狼》

文：蔡幸珍　**出版社：**小兵出版社
圖：黃志民　**出版年份：**2016 年

9　菜：可能是志趣相投吧！你最愛的人都喜歡從事圖書創作，可
　　　以和我們分享箇中的感受嗎？

黃：畫畫是很快樂的事，尤其能藉由出版或開展覽和別人分享，
　　也許我們都喜歡這種感覺吧。

菜：就好像我喜歡講故事一樣！

10　菜：如果要你用一個字去形容菜姨姨，你會用哪一個字？

黃：「執」——執着、有理想，願意克服困難去完成自己的願望。

菜：黃老師真了解我，對呀！我是「執」，不只執着要完成夢
　　想，還經常要「執屋」（在家收拾東西）、「執人手尾」（別
　　人做不好的事要幫忙完成），哈哈！

與嚴淑女面對面

嚴淑女

台灣著名兒童文學作家

繪本作品包括

《再見小樹林》
《黑手小烏龜》
《老厝阿嬤》

淑女喜歡孩子純真的心和繽紛的想像世界，常去幼兒園説故事，英文名字叫 Candy 的她，常被孩子們稱為糖果姐姐。她在完成兒童文學博士學業之後，一邊在大學教書，一邊在美麗的台東和一羣小孩遊戲、創作。

　　有次她到了美國，一位滿頭銀髮的老太太問她：「你是做什麼的？」她説：「我在寫童書。」老太太摸着她的頭説：「孩子，可以為小孩寫書，是上天給你的天賦，你要好好利用這份天賦，讓更多人感到幸福！」當刻的她，無法理解，寫童書有什麼力量呢？後來，努力寫了十幾年之後，她終於體會到了，並成為她最大的願望：堅決用故事為更多的大人和孩子彩繪幸福的童年。

　　認識淑女是我的福分。我們在南京認識，一見鍾情（哈哈！），後來我到台東旅行，她為我們安排住宿，帶我們四處遊覽，我們幾個大人竟然在林蔭大道下，像孩子一樣跳躍拍下爆笑的照片，那是我們之間最珍貴的記憶。

　　我們兩個都愛繪本，只要一講到繪本，總是説個不停。我們共同的願望就是一起用童書為大人、孩子創造幸福。菜姨姨＋糖果姐姐＝健康又甜蜜。

菜姨姨 10問

1　菜：你不只是一位為兒童寫作的人，還是國立台東大學兒童
　　　文學研究所的博士及國立台東師範學院兒童文學研究所碩

士，可否跟大家分享兒童文學對兒童有何影響？

嚴：因為研究兒童文學十幾年，又接觸幼教，讓我的創作以
孩子的需求為出發點，因為兒童文學是孩子最初接觸的文
學，也是孩子認識世界萬物的窗口。不管是兒時媽媽溫暖
的搖籃曲；朗朗上口的兒歌、童詩；充滿幻想的童話；成
長冒險的小說；優美的生活散文；知識科學的書，都能滿
足孩子好奇、探索世界的渴望。

一個愛閱讀的孩子能運用創意思考解決生活的難題；能從
冒險故事中學習主人翁勇敢面對生命挑戰的精神。因此，
我覺得兒童文學是滋養孩子生命的泉源。

菜：我非常認同你說「愛閱讀的孩子能運用創意思考解決生活
的難題」，所以，兒童文學是孩子思考的食糧。

2　菜：你也經常為家長分享閱讀，其中一個
　　　主題是「『滑』時代的教養策略——利
　　　用情緒療癒繪本，開啟與孩子溫柔的對
　　　話」。可否跟大家分享當中的重點？

　　嚴：在這個快速運轉、躁動不安的世界，不
　　　管大人或小孩長期在高壓的環境下，情
　　　緒隨時都在緊繃的狀態。研究兒童文學、
　　　繪本十幾年，我找到理論實證的根據，原
　　　來每個孩子的天生氣質（temperament）

　　　都不一樣，如果能了解孩子，用適合孩子的教養方法，就
　　　能開啟親子，還有和自己內在小孩溫柔的對話。

　　　因此，我蒐集整理許多情緒療癒繪本，用繪本故事讓大人
　　　孩子認識自己的情緒，設計許多活動和素材，讓大家一起
　　　學習調整情緒的反應。不管在北京、新加坡、澳門、台
　　　灣，總是有大人告訴我，謝謝你讓我勇敢面對內心受傷的
　　　小孩；孩子抱着我，說好愛我。深受感動的我了解唯有大
　　　人得到療癒，孩子才能幸福。

　　　因此，我想用繪本傳播這樣的愛和正向能量，繼續讓更多
　　　人幸福。

　　菜：其實，當我們為別人講情緒療癒的故事時，最先受惠的必
　　　定是自己，我相信能夠掌握情緒的人，正向能量也自然隨
　　　之而來。

3　菜：在你的作品中，我最喜歡《再見小樹林》，感到你對環境
　　　保護的熱誠，可以為我們分享你創作這故事的過程嗎？

嚴：這是畫家張又然真實的故事。陪伴他三十幾年的小樹林，一夜之間就被要蓋大樓的商人無情地摧毀了。我們從《春神跳舞的森林》開始創作環境保育繪本，因為森林被砍伐，都市的綠地被鋼筋水泥大樓佔據，動物失去家園的事，不斷地在我們周圍、全世界發生，我們相信透過繪本的力量，可以從孩子開始改變這個世界。

因此，我以孩子失去秘密基地，失去朋友的難過心情；小樹林的動物失去家來述說這個故事。在澳門時，一個媽媽告訴我，她五歲的兒子看到這本書，掉下眼淚，問她：「動物沒有家了，怎麼辦？」孩子柔軟的心被觸動了，當孩子看到小綠將發芽的小樹苗種在小樹林時，他知道即使是小孩，也有力量，只要行動，就可以重新「再見到小樹林」、「再見到朋友」。

菜：其實香港這彈丸之地，也有很多小樹林，一夜之間就被要蓋大樓的商人無情地摧毀了。所以我們更要將故事中的小綠，把發芽的小樹苗種在小樹林的經歷告訴孩子，激發他們相信自己也有力量帶來改變。

好書分享

《再見小樹林》

文：嚴淑女　　出版社：格林文化
圖：張又然　　出版年份：2008 年

內容簡介

男孩小綠最喜歡在小樹林裏自由地遊逛。可是，他這個秘密基地竟在一夕之間被大人給摧毀了：樹林不見了，高樓出現了。而原來這樣的事情，不斷地在世界每個角落發生⋯⋯

4 菜：還有兒童散文集《拉拉的自然筆記》，你以「民胞物語」，也就是愛人和一切物類的心情去寫自然界的生物，為什麼會有這樣的安排？

嚴：我想透過一個小女生在大自然中和酒瓶寄居蟹、喜歡在月光下悠遊的翻車魚、沒有蟬蛻成功的夏蟬，甚至和石頭真實相遇的筆記，讓孩子知道這世界上不是只有人類而已，萬物都有他們存在的價值和生命故事。

當孩子知道隨手撿了一個貝殼，會讓寄居蟹失去牠的家，會觸發孩子柔軟的心，進而真心想保護牠們。一隻小小的夏蟬，即使無法成功蟬蛻，卻曾經那麼努力，正向的思考和能量，讓牠的故事能鼓勵好多人。

我最希望大人能帶着孩子真正走進大自然，讓他們感受大自然的力量，進而培養一顆疼惜萬事萬物的心。

菜：非常贊同淑女説，要培養孩子有一顆疼惜萬事萬物的心，因為這是人性的基本啊！

好書分享

《拉拉的自然筆記》

文：嚴淑女
圖：郭惠芳、吳芷寧

出版社：親子天下
出版年份：2013 年

內容簡介

你知道睫毛上可以製造彩虹嗎？你看過戴隱形眼鏡的魚嗎？還有住在酒瓶裏的寄居蟹，談戀愛就會翻肚皮的翻車魚……八歲的城市女孩拉拉，在許多好朋友的導引下，展開精彩的自然觀察之旅。

5

菜：你為我們的小朋友創作了那麼多優質的圖書，你最想在自己的作品裏傳遞什麼信息給小朋友？

嚴：我覺得寫作最重要的是真誠。我希望以孩子的觀點、視角來寫作，真誠地傳遞我在每一本書想要說的話。讓孩子在閱讀的過程中，在心裏種下一顆愛護大自然的種子；一顆體貼疼惜萬物的心；一顆感恩的心。讓孩子成為一個勇敢追求夢想，充滿自信，迎接生命挑戰的樂活寶貝。

菜：喜歡淑女的「真誠」，也唯有真誠才能從文字中傳遞這麼重要的信息。

6

菜：哪位作家是你的最愛？為什麼？

嚴：創作《遲到大王》的約翰‧伯寧罕 (John Burningham)。我曾用他的十七本繪本在幼兒園進行說故事、畫故事、演故事，記錄孩子的反應，進行一年研究，寫了二十萬字的博士論文。

因為他是一個捕捉孩子心聲和為孩子發聲的圖畫作家，作品中常出現大人和小孩的角色，他常在作品中喚醒大人：你曾經也是一個小孩呀！

就像莎莉一樣，當媽媽在說話時，你的耳朵自動關上，想像力已經讓你遨遊在充滿冒險刺激的世界中。你也曾經是那個不愛在餐桌上吃飯的朱里亞斯，一旦想像力的探索滿足之後，孩子就會回到餐桌上。大人是否願意花一些時間等待孩子？

約翰‧伯寧罕的一席話，引發我的反思，大人是否可以欣

賞孩子的幻想世界，是否願意陪伴、等待他們？我希望自
己能成為像他一樣的大人。

菜：喜歡繪本的人不少也愛約翰・伯寧罕，希望淑女以後能為
我們分享多些那二十萬字的博士論文研究成果啊！

7 菜：可否為讀者們推介一本你最喜歡的兒童圖書？

嚴：日本作家中江嘉男的《鼠小弟的小背心》。這是一本讓我
在書店一邊看，一邊大笑的書。小老鼠小小的紅背心，鴨
子、猴子、獅子、馬，甚至大象都想借來穿穿看。看到每
隻動物露出緊緊的牙齒，勉強穿上的模樣，還問讀者：「有
點緊，我穿起來好看嗎？」我和大人孩子一起共讀、一起
大笑，孩子說：「是宇宙超級無敵緊吧！」重複的字句充
滿幽默感，充滿互動的樂趣，結尾也充滿創意和溫暖。
這是真心為孩子創作的作品，四十幾年來，鼠小弟陪伴好
幾個世代的孩子成長，我希望自己也能成為這樣的作家。

菜：淑女是糖果姐姐，本來就充滿幽默感啊，一定可以像中江
嘉男般可愛！

8 菜：在你眾多的作品中，你最想菜姨姨講哪一個故事？為什麼？

嚴：為了讓孩子快樂長大，我寫了七本樂活寶貝系列。《黑手小烏龜》是一本為孩子帶來歡笑，盡情發揮創意，完成夢想的書。我在香港進行作家講座時，孩子驚呼腳踏車可以加上噴射火箭；爺爺的輪椅加上超級彈簧腿，能讓爺爺開心。最棒的是，孩子開始運用想像力，創造一飛沖天跑車、隱形南瓜車、穿越時空縮小車……看到孩子眼中的自信和開心的笑容，我也笑了。

這本書很幸運獲得香港第十三屆書叢榜「十本好書」獎，希望透過菜姨姨精彩的故事演説，讓孩子能在閱讀中享受創意的快樂，成為健康活潑的樂活寶貝。

菜：恭喜淑女！哈哈！香港的小朋友不只愛吃糖果，也愛聽糖果姐姐講故事。

好書分享

《黑手小烏龜》
文：嚴淑女
圖：張又然
出版社：幼獅文化
出版年份：2010 年

內容簡介

小烏龜黑黑對修車非常有天分，可是他的爸爸和爺爺都不讓他學修車。因為從曾曾曾祖父開始，一家都是開修車行的，爸爸覺得當修車人員很辛苦，所以還是念書好，但黑黑總是一看到書就想打瞌睡。黑黑最想做的事還是修車，他想利用自己的天賦幫助別人。有一天，他決定去挑戰世界紀錄，在三分鐘內滑過並修好五十輛大卡車，結果……

9 菜：除了台灣，你還會經常到香港、澳門和新加坡演講，可否
　　跟大家分享當中的喜樂？

嚴：因為我的書在全世界發行，讓我有機會跟着我的書去旅
　　行，好奇又熱愛新事物的我總是在不同的文化中找到創作
　　的靈感。認識不同的朋友，把自己的專業和創作與更多人
　　分享，看到大人孩子臉上喜悦的笑容，自己也非常開心。
　　香港百年「叮叮車」就像龍貓巴士，帶我穿越時空；澳門
　　那轟然開啟的十二生肖天頂，一棵閃閃發亮的參天巨樹從
　　地下緩緩上升，讓我想到好故事；在新加坡的美術館前跟
　　着一羣漫天飛舞的種子跳舞；在馬來西亞看見腳的眼鏡，
　　吃「貓山王」榴槤。這些充滿異國風情的體驗，成為我創
　　作中的養分，也讓我維持創作的熱情。

菜：下回你來香港演講，我帶你品嘗專賣小吃的「車仔檔」，
　　再帶你閱讀劉斯傑先生的《車仔檔》立體書，當中的喜樂
　　就立體了！

10 菜：如果要你用一個字去
　　　形容菜姨姨，你會用
　　　哪一個字？

嚴：「真」！我花不到一
　　秒就想出來啊。

菜：謝謝淑女，我喜歡自
　　己做「真」女人。

與林小杯面對面

林小杯

台灣著名兒童繪本作家及畫家

繪本作品包括

《假裝是魚》
《阿非，這個愛畫畫的小孩》
《喀噠喀噠喀噠》

林小杯在台北出生長大，享受在家工作，淘氣的她還時常笑說可以在家偷懶呢！她最愛陶醉在圖畫書世界，不只享受繪畫創作，還喜歡琢磨文字。小杯活潑跳脫，想像力豐富，風趣幽默的一面，盡見於她那變化多端的圖畫和文字之中。小杯曾對我說：「希望有一天我變成了林老杯之後，還能時不時冒出有意思的作品，讓讀者笑一笑，也讓自己開心。」哈哈！

小杯的第一本書是 1999 年的《假裝是魚》，在她眾多的得獎作品當中，《阿非，這個愛畫畫的小孩》與《全都睡了 100 年》都令我印象深刻。2015 年小杯再創高峯，《喀噠喀噠喀噠》榮獲第四屆豐子愷兒童圖畫書獎首獎，實在可喜可賀！

菜姨姨 10 問

1 菜：小杯、小杯，菜姨姨第一個要問你的問題，就是為什麼你是小杯，不是大杯？

杯：因為大杯都喝不完。

菜：想不到小杯會這樣回答我！唔……我猜你必定正在瘦身，不敢大吃大喝，大杯都喝不完，索性小杯好了！又或者你是環保人士，帶小杯出門比較輕鬆，又可以再添，自由自在。反正大杯喝不完，怕浪費，決心當個快樂的小杯吧！

2

菜：你的小杯，能否種菜？

杯：現在就是在種菜！

菜：嘩哈哈！你的小杯在種菜？種什麼菜？一定不是菜姨姨，姨姨那麼胖，小杯怎裝得下？

杯：對我來說，菜姨姨給小孩說故事，就好像在灌溉一小棵、一小棵的菜一樣，我有機會和菜姨姨聊聊作品，就也像是在種菜一樣。

3 菜：我是因為《假裝是魚》認識你，我猜你是愛發白日夢，又經常天馬行空，才如此具想像力，創作出這故事，對嗎？可否為我們分享你的創作心得？

杯：我並不意識自己愛發白日夢，有時説我天馬行空，或許其實是我欠缺考慮，只管往前衝。我回想創作過程，在那些時候，故事的人物角色都會在我的腦海裏玩開了，所以我最喜歡畫草圖的階段。還有，我覺得藏在平凡生活中的，比如一朵花開、一隻小雞破蛋而出，才是真正動人的神奇。

菜：我喜歡你這個觀點，的確很多藏在平凡生活中的小事，往往都非常神奇而動人。所以，在《假裝是魚》裏小鯨魚找媽媽，鯨魚媽媽感謝雪寶和巧比，邀請他們來吃點心，也是平凡生活中的動人事啊！

好書分享

《假裝是魚》
文／圖：林小杯
出版社：信誼基金出版社
出版年份：1999 年

內容簡介
本書圖畫和文字都十分簡潔。故事近似白日夢的想像遊戲，以草原為海，以雲變化為大、小鯨魚等。小讀者在閱讀的過程中可以假裝自己是魚，發揮大大的想像空間，享受當中的樂趣。

4 菜：你之前聽我跟小朋友講《喀噠喀噠喀噠》這故事時，你比
他們笑得更開心，快來跟大家分享這故事的獨特之處吧！

杯：文字創造出來的聲音，是這故事的特色之一。帶點玩心，
不怕那些故意的重複，大家都可以念得很有趣。可是，菜
姨姨讀起來卻更加有味道、有意思！我想是因為菜姨姨抓
到我文字裏的輕鬆感、生活感吧，是嗎？

加上我第一次聽到這故事被人用廣東話説出來，彷彿覺得
麥嘜、麥兜在我眼前實況播出，當然笑得非常開心。

菜：對呀！這本《喀噠喀噠喀噠》精彩的地方，就是用這
些擬聲詞「喀噠……喀噠……喀喀……喀……噠噠……
噠……」來帶出故事的節奏感，也透過這些聲音來串連故
事的情節發展。快來跟我學講廣東話，讓麥嘜和麥兜天天
出現在你眼前吧。

好書分享

《喀噠喀噠喀噠》
文／圖：林小杯
出版社：小典藏出版
出版年份：2014 年

內容簡介
故事的主角是一個活潑的小女孩，
她最喜歡的那件洋裝、最愛背的小
包包，都是祖母做的，甚至她想要
一個裝恐龍的大袋子，祖母也答應
她，因為祖母有一個很厲害，而且
會發出喀噠喀噠喀噠聲音的大玩
具。怎料當祖母在幫小女孩做表演
的戲服時，她的大玩具卻壞掉了！
她要怎麼完成這個重要的任務呢？
小女孩能順利上台表演嗎？

5　菜：當你創作兒童圖書時，你最希望把哪些信息帶給小朋友？

　　杯：我沒有特別想帶出什麼信息，因為想説的都在每本書裏。

　　菜：你的答案真是簡潔有力，好像「無聲勝有聲」般強勁。

6　菜：在眾多的童書作家中，你最愛的是誰？為什麼你特別喜歡
　　　他／她的作品？

　　杯：我以前都會説莫里士·桑塔克 (Maurice Sendak)，但現
　　　在不一定。今天就説同樣非常經典的作家雷米·查利普
　　　(Remy Charlip) 好了。因為他作品中的文字和圖畫帶出的
　　　涵意互相緊密交錯，各自又連綿不絕，而且有十足的自
　　　由，像會飛一樣。

　　菜：莫里士·桑塔克的作品《野獸國》根本就是兒童圖書的經
　　　典，我也很喜歡。然而，近來我也被雷米·查利普的《幸
　　　運的內德》吸引了，也許讀着他的作品，真如你所説能飛
　　　吧！

7 菜：可否為讀者們推介一本你最喜歡的兒童圖書？

杯：沒有最喜歡，只有更喜歡。那就延續上題說雷米·查利普的 *Arm in Arm*。理由如上所述，再加上讀起來感覺很溫暖，而且充滿想像力和聯想力，讓身為作者的我難以望其項背。

菜：謝謝你的推介啊！

8 菜：在你眾多作品當中，你最想菜姨姨講哪一個故事？為什麼？

杯：《明天就出發》。覺得菜姨姨應該可以和裏面那位涂馬若成為不必說太多話的好朋友，而其中一段電視氣象報告好好笑，菜姨姨讀起來一定很精彩。

菜：好吧！馬上找來讀給小朋友聽。

好書分享

《明天就出發》
文／圖：林小杯
出版社：信誼基金出版社
出版年份：2005 年

內容簡介

一天，愛看旅遊電視節目的涂馬若，決定關掉電視，來一趟真正的旅行，這才發現，要準備的事情可真多呢！要洗曬好自己的衣物，要去超級市場買好吃的零食，還要託人好好照顧寵物。當每件事都忙完後，沒想到朋友卻來邀請他參加一個生日派對，好吧，反正延遲一天也不會怎麼樣……可是，一直說「明天就出發」的涂馬若，到底什麼時候才會真正出發呢？

9　菜：2016 年初，你與藝術家郭奕臣合作
　　　推出了繪本《宇宙掉了一顆牙》。除
　　　此之外，你還有其他新的創作計劃
　　　嗎？

　　杯：當然有，非做不可。繪本是一定有
　　　的，其他計劃還沒成型不敢説。

　　菜：好！期待你的新作呀！

10　菜：如果要你用一個字去形容菜姨姨，
　　　你會用哪一個字？

　　杯：「亮」，菜姨姨説故事的聲音、神情、
　　　眼睛都很亮。

　　菜：哈哈！我還以為是亮晶晶的「亮」。

與劉伯樂面對面

劉伯樂

台灣著名兒童繪本作家及畫家

繪本作品包括

《我砍倒了一棵山櫻花》
《我看見一隻鳥》
《泥水師父》

劉伯樂，1952 年生於台灣中部南投縣
埔里鎮，曾任「教育廳兒童讀物出版部」美
術編輯，並從事插畫工作。因為在擔任《中
華兒童百科全書》美術編輯期間，有機會接
觸自然科學方面的知識，而進入野鳥世界，
其後更以畫筆描繪生動的野鳥圖像。他常在

野外觀察野鳥，同時也獲得了許多田野資訊，對於自然生態環境有自
己的看法，由此開始從事自然文學寫作。

　　他在自己的作品《野鳥好好看》中，這樣說：「我雖然只是個繪圖
者，但是親身體驗野鳥自然生態，難免涉入環境議題，也難免建立人、
鳥、環境關係之我見。因此，在書中許多對於野鳥的文字描述或圖像
描繪，都出於實際觀察所得。我以為，任何形式的知識都是為了服務
人羣，從田野裏所獲得的知識，才能真正服務住在田野上的人羣。」

菜姨姨
10 問

1 　菜：2014 年到台灣找你，跟你上山下海，至今仍念念不忘，
　　　你還帶我們看你的神秘地方（等待鳥兒出動之處），可否
　　　跟讀者分享這些地方給你什麼難忘回憶？

　　劉：所謂「神秘地方」其實就是我的「秘密鳥地方」。
　　　因為我要繪製野鳥生態繪畫，必須拍攝野鳥影像，以取得
　　　野鳥生態資料。為了拍攝野鳥，必須到野鳥出沒的地方。

為了知道某種野鳥會在什麼地方出沒，就必須先了解那種野鳥的生態知識。為什麼野鳥會出現在這裏呢？這裏的環境有什麼特別？當我知道在什麼地方可以拍攝到什麼野鳥時，那就代表我已經了解那個地方的野鳥和環境的關係，那裏也就是我的「秘密鳥地方」。

我的「秘密鳥地方」大部分都是不起眼的小地方，但也都是我對野鳥生態環境知識累積的地方。

菜：十分期待老師會創作一本關於「秘密鳥地方」的故事。

2

菜：可否跟我們分享「人、鳥、環境」之間存在着怎樣的關係？

劉：人類和野鳥都是地球環境的重要生物，也是長久以來適應環境的生存者。人類自以為是萬物之靈，一直以來都是自然環境的麻煩製造者。而鳥類總是逆來順受，不但要克服自然環境的變遷，也要忍受人類對環境所造成的改變。

許多鳥類因為不能適應改變的環境，從此銷聲匿跡退出環境舞台。不過也有許多野鳥，願意承受不斷改變的環境，

▶ 鳥兒在劉老師身邊嬉戲（電腦合成照）。

努力在逆境中求生存，常見的麻雀就
是一個很好的例子。

菜：對啊！記得有一次，我在臉書請教
你，為什麼近日總是聽到好多鳥兒
在吱吱喳喳地叫，你說候鳥來了啊！
而且鳥兒求偶的季節也到了，不過那時其實已經是 12 月，
也許香港的天氣比較溫暖，鳥兒求偶季節可能比較分散不
明顯。所以，「人、鳥、環境」的關係真的密不可分。

3 菜：你曾告訴我自己在《我砍倒了一棵山櫻花》中回憶小時候
的生活，希望為小朋友傳達對大自然環境的憐惜，珍惜現
有的森林資源，為什麼你會有這樣的想法呢？

劉：《我砍倒了一棵山櫻花》一書中，並沒有對「砍樹」行
為是對或錯有任何批判。其實，自然環境要不要憐惜？森
林資源要不要珍惜？連我自己也是沒有答案的。我提出問
題，讓讀者知道有這樣的問題，至於如何解決問題？要不
要解決問題？就讓讀者「如人飲水，冷暖自知」。
我的所有作品中，都不會對任何價值觀驟下結論。

菜：我很同意你的話。因為我認為每個人都有自己的想法和判
斷，閱讀就是培養我們的批判思維能力。

4 菜：在《草鞋墩》一書裏，你有提到自己在草屯鎮（舊稱：「草
鞋墩」）長大。為什麼你會想創作這故事，培育孩子的鄉
土情懷？

劉：美國著名作家、哲學家亨利‧梭羅（Henry Thoreau）認
　　為自己：「生長在世界上最美好的地方，而且生辰也恰到
　　　　　　好處。」這是多麼知足而偉大的
　　　　　　讚歎啊！

　　　　　　草屯鎮和台灣所有鄉鎮一樣，只
　　　　　　是個平凡又樸實的小鎮。可是我
　　　　　　認為能夠養育一個人平安、順利
　　　　　　成長的地方，都是世界上最美好
　　　　　　的地方。
　　　　　　如果每一位讀者都能夠認識自己
　　　　　　的故鄉，也許就會覺得自己是在
　　人生最恰當的時機，從世界最美好的地方出發。一旦在遭
　　逢挫折，也可以回到自己溫暖的故鄉。
菜：這也是我想跟父母分享的一個重要信息，為孩子守護自己
　　的土地，愛護自己的家鄉。

5　菜：當你創作兒童圖書時，除了鄉土情和環保議題外，還有哪
　　　些信息想帶給小朋友？
　劉：我的所有書中，除了內容主題、主軸之外，都會隱隱約約
　　　安排許多提示或暗示的信息。這些信息有些和主題無關，
　　　有些是主題的延伸，有些表達作者當時的心情，有些傳達
　　　作者的經驗……林林總總，都是用來豐富書本的內容，增
　　　加閱讀的興趣。
　　　一本書如果可以激發讀者的感情，培養讀者的判斷能力，

觸動讀者的好奇心，開啟讀者的想像力，無疑就是一本好書。

一本書如果只表達了一種明白、肯定的信息，讓讀者充分理解作者的中心思想，這種明確的信息在作者和讀者之間一脈相承，如此「吾道一以貫之」的傳達方式，不能發揮觸類旁通的效果。

菜：謝謝劉老師提醒了我。我推動閱讀的目的也是培養讀者的判斷能力，觸動讀者的好奇心，開啟讀者的想像力，讓他們看書以後能夠觸類旁通。

6

菜：在眾多的童書作家中，你最愛的是誰？為什麼你特別喜歡他 / 她的作品？

劉：我最喜歡的是日本的安野光雅，他的作品多樣又富有創新創意。

菜：對呀！而且我們能在安野光雅先生的作品中，透過他精緻細膩的筆觸來欣賞他描繪出來的風景，並在充滿幽默的視覺遊戲和縝密的邏輯思考裏，培養出無限的想像力。

7 菜：可否為讀者們推介一本你最喜歡的兒童圖書？

劉：珍‧尤倫（Jane Yolen）的 *Owl Moon*，上誼文化將它譯作《月下看貓頭鷹》。

菜：嘿！《月下看貓頭鷹》讓我想起你和你的女兒。

好書分享

《月下看貓頭鷹》
文：珍‧尤倫
圖：約翰‧秀能
出版社：上誼文化
出版年份：2015 年

內容簡介

爸爸帶着小女孩去看貓頭鷹，踏着月色，往森林出發。一路上寒冷難行，小女孩忍受着疲憊卻沒有絲毫抱怨，因為要看到貓頭鷹，一定要安靜，一定要堅強。最後他們終於如願以償，結束這月光下的探索之旅。

8 菜：在你眾多作品當中，你最想菜姨姨講哪一個故事？為什麼？

劉：《泥水師父》。這本書除了主題故事之外，還隱含了許多「有什麼不可以？」、「窮則變，變則通」的道理。菜姨姨無需對讀者説明，讓他們「如人飲水，冷暖自知」吧！

菜：遵命！我不會只講道理，會嘗試激發讀者思考。

《泥水師父》

文 / 圖：劉伯樂
出版社：和英出版社
出版年份：2004 年

內容簡介

有一位泥水師父，他蓋房子的工夫是一流的，不論是建廟宇、住家或是牌樓都很出色。一天，師父生病了，回去家鄉養病，怎料一羣土匪卻在這時來到村莊附近。村裏的人決定建造一座圍牆來保護村莊，可是泥水師父不在，小徒弟和村民該怎麼辦呢？

9

菜：你有其他新的創作計劃嗎？

劉：一直都在進行新書創作，並不限於繪本，預計 2016 年 10 月會有新書。

菜：期待看到你的新作品。

10

菜：如果要你用一個字去形容菜姨姨，你會用哪一個字？

劉：用最近流行的字「讚」！

菜：我也覺得劉伯樂老師超「讚」啊！

▼ 2014 年 12 月跟劉老師在台灣合照。

湯姆牛

台灣著名兒童繪本作家及畫家

. . . .

繪本作品包括

《功夫》
《愛吃青菜的鱷魚》
《我願意！》

湯姆牛，究竟是否一隻牛？每次告訴讀者朋友這位作者的名字，大小朋友都會哈哈大笑，還打趣地問：「是不是浸在湯裏的一隻牛呀？」有些甚至會好奇追問：「他是母牛嗎？」想不到，有一次我問他筆名的由來，他這樣回答我：「很多年前，我正在構思《愛吃水果的牛》，在半夢半醒中，出現了一頭牛，牠伸出一隻『手』邊搖我邊說：『湯姆，湯姆，起來畫畫囉。』就這樣，我取了『湯姆牛』這名字。事到如今，連我自己也分不出這到底是一個真實的還是想像的夢境。」

這位在半真實半想像之間創作的人，不只一本《功夫》風靡無數男孩女孩，還有《我願意！》令不少父母偷偷掉下眼淚，而我最喜歡的是《愛吃青菜的鱷魚》。湯姆牛的作品令人讀得懂、讀得開心，不需要任何教化式的圖文，卻能讓孩子們領悟到不少重要的觀念。

菜姨姨 10 問

1 菜：為什麼創作《愛吃青菜的鱷魚》而不是愛吃鱷魚的菜姨姨，讓我可以擔任故事主角呢？請為大家分享這書的意義吧。

牛：原來菜姨姨愛吃鱷魚？當時創作這故事的動機並不是真的
愛吃青菜。因為我從小到大都生活在都市中，比較像是每
天吃豬肉卻沒看過豬走路那樣，所以去農田寫生時覺得很
新奇，心想：哇！原來蔬菜是這樣生長的。因此才想到創
作《愛吃青菜的鱷魚》。

菜：哈哈！當我咳嗽多痰，要補肺時，都愛用鱷魚肉煲湯呢！

2　菜：我因為愛講《功夫》這個故事，變成了你和粉絲之間的橋
樑。你為什麼如此厲害，讓作品風靡不少男孩女孩？靈感
從何而來？

牛：有一次需要一位水電師傅的幫忙，在門外等待的過程中，
看見他的三個小孩在客廳玩「打打殺殺」的遊戲。那時電
視正播放着娛樂性質的談話節目，香港功夫明星洪金寶先
生正半開玩笑地在談何謂功夫。過了一會，這位水電師傅

◀ 這是湯姆牛的忠實粉絲玉妤，她名副其實是《功夫》迷。

出現了，看起來帶有一股殺氣，有點像故事中的土匪頭刀疤。幾星期後，我在回家的路上突然靈光乍現，心想何不將這些串連成為故事？

菜：嘩哈哈！那水電師傅真的像故事中的土匪頭刀疤嗎？我們的水電師傅卻像白眉老人啊！

好書分享

《功夫》
文 / 圖：湯姆牛
出版社：信誼基金出版社
出版年份：2014 年

內容簡介

一個月黑風高的晚上，土匪頭刀疤率眾來襲，在慌亂中，有一個神秘大俠救走了三個小孩，並把他們帶回山上的家。他們三個整天吵着：「師父，師父，您什麼時候教我們功夫呢？」可是，師父卻只分配不同的日常工作讓他們做。十年後，土匪頭刀疤帶着盜匪們來到了神秘大俠的住處，這三個小孩要怎麼靠着自己的能力和智慧退卻敵人呢？

3 菜：你的作品《我願意！》，
很多爸媽看的時候都感動
得偷偷垂淚呢。你為什麼
會寫這個故事？

牛：有一個名叫小若的小女孩，
我常常送她圖畫書。有一
次我去小若家作客，看到
小若的爸爸在地板上讓小
若當馬騎。我父親是職業
軍人，平常又很嚴肅，我
小時候是從沒有這類畫面

▲ 這是玉妤的妹妹玉言，樣子很像《我願
意！》的主角。

出現過，回家後還在想，真不可思議啊。

菜：所以，你就代入了小若爸爸的角色，感受父親對女兒無私
的愛，創作出《我願意！》，難怪這故事如此賺人熱淚。

好書分享

《我願意！》
文 / 圖：湯姆牛
出版社：小天下
出版年份：2015 年

內容簡介

小女孩小若從小到大在爸媽的細心呵
護下成長，即使她常常哭哭啼啼、
到處亂跑、不愛吃青菜、唱歌很難
聽、老是遇到危險、喜歡做奇特的研
究……但爸媽還是無條件地愛她、保
護她，並且希望她將來的另一半也願
意承諾永遠愛她……

4

菜：你的作品經常獲獎，《最可怕的一天》便獲得了第三屆豐子愷兒童圖畫書獎佳作獎。書中的主角劉芳玲，跟你的個性十分接近，其實，劉芳玲是不是你的化身呢？

牛：我小學時，有一次參加演講比賽，不知演練了多少次，可是一上台就緊張得忘光了。其實，劉芳玲是真有其人，她也很怕上台說話，我覺得她長得有點像一位獲得普利茲克獎的日本建築師——妹島和世。我自己猜想她小時候會不會也有參加演講比賽說到一半就忘光的經驗呢？我聯想力太豐富了。

菜：這樣看來，你常藉由一些真實的人物和事件，添加自己或自己內在小孩的部分投射，半真實半想像地創作，讓故事更有趣！

好書分享

《最可怕的一天》

文／圖：湯姆牛
出版社：小天下
出版年份：2012 年

內容簡介

明天有一件天大的事要發生了！小女孩玲玲在晚上睡覺前，被媽媽唸忘了拿便當盒出來洗、襪子亂丟，但這對她來說都沒什麼大不，因為明天才真的有一件天大的事要發生——她要上台說話！究竟明天會不會天崩地裂、火山爆發、海嘯來襲？她真的很害怕啊……

5 　菜：你最想在自己的作品中傳遞什麼信息給小朋友？

　　牛：出糗的童年經驗，每個人多少都有，長大後自己再想到這
　　　　些出糗的經歷，還真是有趣可愛極了，難過一下就好，繼
　　　　續做自己開心擅長的事。

　　菜：這些信息多多少少都可以激發孩子為自己的行為負責，出
　　　　糗的童年經驗我也有一大籮，回想起來，還是會提醒自
　　　　己：出糗了不要緊，最緊要「認」（最重要是承認）呀！

6 　菜：在眾多的童書作家中，你最愛的是誰？為什麼你特別喜歡
　　　　他／她的作品？

　　牛：我最愛的是安東尼‧布朗。我之前在豐子愷兒童圖畫書
　　　　獎的頒獎會場見到了他，還跟他握手和合照，實在太幸運
　　　　了！他的作品像謎一般的神奇，故事像是發生在另一次元
　　　　的世界。

　　菜：我也是很喜歡安東尼‧布朗，他那時為我親筆簽名，還畫
　　　　了一個猩猩南瓜給我呢！

7 　菜：可否為讀者們推介一本你最喜歡的兒童圖書？

　　牛：前陣子在國外美術館買了一本叫 *ABOUT 2* 的書，整本全
　　　　是抽象的幾何結構，太酷了！

　　菜：*ABOUT 2*？有點好奇，有機會也想看看啊！

8 　菜：在你眾多作品當中，你最想菜姨姨講哪一個故事？為什
　　　　麼？

菜姨姨在幼稚園講《功夫》，吸引不少孩子邊聽故事邊打功夫。

牛：我覺得《功夫》這書的故事比較適合在公開場合對很多人說。我另外有些書比較適合在安靜的場合或特別的情境下閱讀。

菜：在公開場合講《功夫》，不少孩子會手舞足蹈呢！

9

菜：你有其他新的創作計劃嗎？

牛：最近出版了一本新書《孫小空72變》。原本我是構想關於點線面的圖畫書，於是研究俄羅斯藝術家瓦西里·康丁斯基的著作——《點線面》，但讀到一半發現：點變線，再變面的過程好像是從石縫裏蹦出來的孫悟空。

菜：期待看你如何七十二變啊！

10

菜：如果要你用一個字去形容菜姨姨，你會用哪一個字？

牛：「綠」。

菜：我是菜，當然「綠」啦！

湯姆牛愛以畫圖方式與菜姨姨溝通。

與廖小琴面對面

廖小琴 筆名麥子

內地著名兒童文學作家

作品包括

繪本《棉婆婆睡不着》
兒童小説《大熊的女兒》

在 2015 年，小琴的《棉婆婆睡不着》榮獲第四屆豐子愷兒童圖畫書獎佳作獎，我真替她高興。記得有一天，我們談起這本書，她説一天深夜，她數綿羊也睡不着，於是起來檢查門窗，察看魚缸裏的魚……不斷地上着牀，又不斷地下着牀，一件又一件的瑣事總會驀地冒出。在這種「折騰」中，小琴莫名地想起了她的母親和祖母，她們都會在某些夜晚睡不着，亮着電筒去看看圈裏養着的雞鴨，給老牛添一把乾草，會嘮叨着站在院子外張望……這樣反反復復的心情，豈不是牽掛別人的感覺？回味她的作品中，棉婆婆站在橋頭「守望」的情景，那種含蓄的期盼、等待以及擔憂之中其實滿滿的是愛。這種牽掛和這份親情，令我深深體會到人與人之間的美和好。

菜姨姨 10 問

1

菜：是什麼原因觸發你創作兒童圖書？

廖：我從小喜歡看連環畫（漫畫），可以説最初的文學啟蒙就源於此。長大後，我有幸從事兒童文學創作，接觸了許多優秀的兒童圖畫書，深深感觸於她的豐富和美麗，讓我彷彿重回年少。有了女兒後，我非常希望能給她和與她一樣的孩子們，創作屬於「我」和「我們」故事的圖畫書，讓她能在這個多元化的世代裏，看到從前，看到那些埋藏在我們每個平凡人心中的美好情懷。

菜：不少家長以為孩子看漫畫不好，沒太多文字，可是你卻因

為漫畫而獲得啟蒙，説明只要對圖書有興趣，也是可以幫助發展自己的潛能啊！

2　菜：你的創作靈感從何而來？

廖：我是一個特別喜歡幻想的人，好奇心也特別強，尋常之物對我也充滿巨大吸引力，比如燃燒的火燄、經過樹梢的月亮、擱放在灌木叢上的草帽、繚繞向天空的青煙，甚至是一縷香、一味菜，都會令我浮想聯翩，想要探尋它們與萬物的關係，想要觸摸到它們跳動的心脈，想要知道如果將它們書寫在我的筆下，將會成為什麼樣的模樣。

所以，我的創作靈感歸根結底，應該是源於我對萬事萬物的熱愛和對這世界的好奇吧。

菜：難怪愛因斯坦説：「想像力比知識更重要，因為知識是有限的，而想像力概括着世界上的一切，推動着進步，並且是知識進步的泉源。」

3　菜：可否和我們分享一件你創作路上的難忘事？

廖：《棉婆婆睡不着》獲得信誼圖畫書獎文字組佳作獎後，因為原稿還很單薄，需要在製成圖畫書之前豐富細節。我在修改過程中，慢慢回憶起兒時所經歷的種種美好，家裏的大貓趴在懷裏、母親為我在菜園種下的花、奶奶（祖母）

在臘八節喂樹等等，從來沒有哪本書的修改過程如此美好。更感恩的是，信誼的張杏如執行長從最初的文字到整個修改過程都非常關注，文字編輯張月也給予了許多建設性的意見和建議。如果說，我為《棉婆婆睡不着》的文字構築了一個簡單的靈魂，那麼張杏如執行長和編輯們則為她豐富了靈魂，完善了肌理，讓單薄的棉婆婆變得豐富、立體起來。所以，這本書的文字最後呈現出來的東西，其實是執行長、編輯和我共同的「作品」。

菜：恭喜你啊！信誼執行長張杏如女士該是你的伯樂吧。

好書分享

《棉婆婆睡不着》

文：廖小琴　　**出版社：**信誼基金出版社
圖：朱成梁　　**出版年份：**2014 年

內容簡介

一天夜深，寧靜的村子裏只有棉婆婆的家還亮着燈。棉婆婆睡不着，她反反復復地上牀、數羊、下牀、做家事，她一直都面帶着笑容。原來棉婆婆所做的一切，都是因為心裏記掛着棉爺爺……

4　菜：你認為優質的兒童圖書有什麼特點？

廖：優質的兒童圖書，要有個好玩有趣或溫暖的故事；文圖相得益彰，渾然一體；能深深地打動人，激起讀者的好奇心、探索慾望和參與感，並令其情不自禁地朝向光明和美好。

菜：非常同意。

5　菜：你最想在自己的作品中傳遞什麼信息給小朋友？

廖：溫暖、明亮、哲思、詩意、有趣……好吧，我很貪心，想要傳遞的東西很多，但我不會刻意為之。我相信，我得首先好好做人，有什麼樣的心靈才會產生什麼樣的作品。我啊，得首先讓自己美好起來。

菜：**所以，我們都要終身學習，讓自己美好起來。**

6　菜：**哪位作家是你的最愛？為什麼？**

廖：喜歡的作家很多，最愛的卻仍是安徒生。他有顆悲憫的心，懷着對上帝虔誠的愛一路前行，讓自己的人生和情懷都融入到文字中，並且在創作上極少重複自己。

7　菜：**可否為讀者們推介一本你最喜歡的兒童圖書？**

廖：我最喜歡《花婆婆》，因為很喜歡裏面那一句「獻給世界上讓世界變得更美麗的每一個人」。

菜：**我也特別喜歡這句話。**

好書分享

《花婆婆》

文／圖：芭芭拉・庫尼
出版社：三之三文化
出版年份：1998 年

內容簡介

一個小女孩答應了爺爺，要做一件令世界變得更美麗的事。於是她在口袋裏裝滿魯冰花的種子，一邊散步，一邊把種子灑在她走過的路旁。結果，第二年春天，小鎮裏處處都開滿了魯冰花，非常的美麗……

8 菜：在你眾多的作品中，你最想菜姨姨講哪一個故事？為什
　　麼？

廖：《菊奶奶的最後一件新衣》。我這個童話作品講述了一位
　　瀕死的老奶奶，在面對死亡時的淡定、從容，還有對萬事
　　萬物的感恩，哪怕是對於死神，她也會為他縫製一件美麗
　　的新衣。當然，《棉婆婆睡不着》也非常不錯哦！

菜：我也很喜歡《棉婆婆睡不着》呢！

9 菜：你有新的創作計劃嗎？

廖：最近創作了一個以我童年生活為背景的長篇小說，算是對
　　我那美麗如畫的家鄉的一個追憶，和那些逝去的美好的人
　　和事的懷念吧。

菜：期待！

10 菜：如果要你用一個字去形
　　　容菜姨姨，你會用哪一個
　　　字？

廖：「暖」。菜姨姨啊，就像
　　春天的太陽那般溫暖呀！
　　靠近她的人都會不由自主
　　地感受到這點吧。真是好
　　有幸能認識她！

菜：謝謝小琴，很喜歡「暖」！

與朱成梁面對面

朱成梁
內地著名繪本畫家

繪本作品包括
《團圓》
《棉婆婆睡不着》

認識朱老師的作品多年，特別喜歡他繪畫的《團圓》。從圖畫中看到江南水鄉的面貌，並深深被那種「分離與相聚」的親情感動。每當我為大小朋友講這個故事時，不少都會被感動到熱淚盈眶，猶如《團圓》裏的媽媽，把身體背向丈夫及女兒，悄悄流淚。因此，引發起我心中濃濃的感情，好想與朱老師分享。終於，我們在 2015 年 11 月在香港見面了！能與朱老師共聚，我內心當然十分欣喜和期待，馬上把握機會，主動邀請他到茶樓吃廣東點心、到西貢品嘗海鮮、到沙田大排檔吃飯，在一起喝啤酒的期間，我們輕鬆分享故事、談創作、談生活和談夢想。希望透過以下這篇訪談，可以讓父母們認識到我所見到的朱老師可愛的一面。

菜姨姨 10 問

1

菜：我知道你喜歡選購 CD、攝影，還有乾掉紅酒，哈哈！我也是啊，不過你用非常專業的相機來拍照，我就用懶人最愛的智能電話；我也愛選購 CD，特別鍾愛經典廣東歌；紅酒我只懂喝一點點，但不會乾掉，也獨愛丈夫挑選的。這些嗜好對於你的創作，有沒有特別影響或者幫助？

朱：我的這些喜好對於創作有着很好的催

化作用。音樂能讓你進入一個美好的境界,可調動你的情緒和想像。拍照可以得到很多新的視覺體驗,收集很多素材。黃酒、啤酒和紅酒分別是不同季節的飲品,當喝到七分醉時,飄飄欲仙,這時很放鬆,你的思維會很活躍,說不定一個好構圖就會找到了。中國近代的大畫家傅抱石有一方印章叫「往往醉後」,把它蓋在他的得意之作上,就是這個道理。

菜:對!喝七分就夠了。進入思維活躍的階段,確實能「酒後吐真言」呢!

2 菜:我們在西貢吃海鮮時,看到你好開心,還留下新鮮的帶子貝殼,說帶回家給孫兒看看,可否跟我們分享你的家庭趣事呢?

朱:那次聚會確實很開心。貝殼是帶給我的小孫女——珍珠(小名)的。幼稚園經常要做手工,那個扇貝正好可以做一個開屏的孔雀尾巴。珍珠是我們家的開心果。有一次夏天,她來我們家,看到我打赤膊,指着我說:「爺爺是皇帝!」原來她很喜歡看安徒生童話《國王的新衣》,聯想到我是沒穿衣服的皇帝,於是她讓奶奶(祖母)和爸爸來扮演兩個裁縫,而她自己挑了一個最好的角色——指出國王沒穿衣服的小男孩。就這樣大家即興表演了一場《國王的新衣》。

菜:珍珠好可愛啊!

3　菜：我也知道你非常喜歡旅遊，而且到過很多地方。你最喜歡
　　　哪一個國家？為什麼？

　　朱：我喜歡土耳其。在東西方交匯的地方，往往最有特色。卡
　　　帕多奇亞真是太神奇了，在熱氣球上觀看那裏的景色，簡
　　　直像到了神話世界。很想到那裏去自由行，我之前參加旅
　　　行團只能走馬觀花。

　　菜：我也很喜歡土耳其，當我在熱氣球上看日出時，猶如進入
　　　神仙景地。可惜土耳其近來飽受恐怖襲擊，影響深遠！

4　菜：你常鼓勵讀者到大自然中去走走，不要光去旅遊景點，因
　　　為那裏早已沒有味道，甚至也變質了。為什麼呢？

　　朱：很多旅遊景點非常商業化，特別是國內的景點，一個小鎮
　　　把它圍起來便要遊人付錢買門票，連廟宇都要收錢才能進

去。如果一個大城市保存得很好（當然是不可能的），我
猜他們也敢把城市圍起來收門票，很沒有素養。那些景點
早已失去了原生態的趣味，還值得去嗎？

菜：非常同意呢！而且不少的所謂景點也名不副實，我比較喜
歡去看一個地方的原貌，愛逛當地的市場，和吃當地人愛
吃的東西……

5 菜：跟你相聚的時間雖短暫，卻感受到你那樂觀的天性。與你談繪本創作時，你還告訴我，一本書的作者是編劇，繪畫的人就是導演，互相配合，才能把作品中的意義呈現出來。還有哪些地方可以再跟我們分享一下？

朱：畫家在畫圖畫書時，對每一個畫面都是很用心的，甚至是別有用心的。小朋友們可要仔細地看哦，一定可以找出很多的小秘密。

菜：而且不少圖畫裏，還隱藏了很多重要的信息，耐人尋味。就好像你的得獎作品《團圓》，其中一頁説爸爸要走了，媽媽背着爸爸偷偷垂淚，而毛毛卻以一隻腳在屋內，另一隻腳踏出門檻來表達送別之情，讓讀者感受到毛毛對父親不捨的矛盾，也許這就是你所説的小秘密吧！

6 菜：能夠認識朱老師——國內一位出版界的資深前輩，實在非常榮幸。在眾多的童書作家當中，你最愛的是誰？為什麼你特別喜歡他／她的作品？

朱：我喜愛美國的艾瑞‧卡爾（Eric Carle），因為他的作品自由、舒展、充滿童趣。

菜：嘩！是充滿童心的國際大師艾瑞‧卡爾。我記得他有一句對大人們非常有意思的提醒，就是「大人不能強迫孩子一定得學會什麼，孩子是主動的看書者，孩子自己會取捨書所帶給他的信息。」

7 菜：可否為讀者們推介一本你最喜歡的兒童圖書？

朱：我推介艾瑞·卡爾的《好餓的毛毛蟲》。這本書太有趣了，非常有想像力，畫面感也很好，是經典作品。

好書分享

《好餓的毛毛蟲》

文 / 圖：艾瑞·卡爾

出版社：上誼文化　　出版年份：1997 年

內容簡介

一條毛毛蟲不斷鑽進鑽出不同的食物，一口接一口地忙得不得了，不停地吃吃吃，吃得肥嘟嘟的，牠究竟什麼時候才吃飽呢？

8 菜：在你眾多作品當中，你最想菜姨姨講哪一個故事？為什麼？

朱：《火焰》。因為那是我自己編繪的作品，故事充滿了驚險、智慧和勇敢，小朋友們一定會被它吸引的。

9 菜：你有新的創作計劃嗎？

朱：《香香甜甜臘八粥》是我剛剛完成的一本圖畫書，故事內容是通過一個叫媽兒的小女孩講述中國傳統臘八節的故事。

菜：這故事題材很好
　　啊！能讓我們認識
　　傳統民間習俗。

10

菜：如果要你用一個字
　　去形容菜姨姨，你
　　會用哪一個字？
朱：「爽」。
菜：朱老師，我真的很
　　喜歡這個「爽」字
　　呀！因為白菜真爽
　　脆嘛！

送給孩子生命中最好的禮物

20本菜姨姨摯愛好書

菜姨姨推動閱讀快二十年了，要我從家中的書櫃找出自己心愛的二十本書，來送給孩子作為生命中最好的禮物，實在非常困難。選了很久，總是選了出來又放回書櫃，來來回回好多遍，終於選出來了……

1

《小王子》
文 / 圖：安東尼．聖修伯里
出版社：新雅文化
出版年份：2015 年

智慧寶藏

66

看東西只有用心才能看清楚。重要的東西，眼睛是看不見的。

內容簡介

　　故事中的敍述者是個飛行員，他因飛機故障被迫降落撒哈拉沙漠，並遇上了小王子。他在和小王子的對話中，得知小王子是來自 B612 行星，還知道了他與他的玫瑰的故事，以及他離開自己星球的原因和後來的經歷。小王子曾分別到訪過數個星球，遇上國王、虛榮者、酒鬼、商人、點燈人和地理學家，最後來到地球，遇上了狐狸和飛行員等，都給小王子很多不同的體會。

　　這是一本不能單從表面去讀的書，若你能用心和孩子聊書的內容，陪他們思考故事中的每一句，你們將會有意想不到的收穫。

　　例如書中的這句：「看東西只有用心才能看清楚。重要的東西，眼睛是看不見的。」如果直接對孩子讀出來，他們必定感到莫名其妙，一頭霧水。因為他們可能會想：眼睛不是用來看東西的嗎？眼看不見的事怎能用心去看？難道我們的心有眼？有時候，大人總愛把個人的觀點強加於孩子身上，甚至評論他們。其實每個孩子都不一樣，我們豈能輕率地給他們設定立場？不如換個角度，借助孩子的思維和視野來看這個世界，用心體會，自會發現大人和小朋友的觀點跟思考角度根本就不一樣，若想把事情看清楚就跟隨孩子的心眼吧。

　　《小王子》是一本適合大人閱讀的書。書中的故事就像是一面鏡子，大人從鏡裏看自己，就會讀到與孩子在看事物時的不同處。故事有很多地方可以給我們反思，例如：何不接納自己和尊重孩子的本質。此外，書中提到小王子到過一個星球，那裏的人只會重複別人的話，完成沒有想像力，讓小王子感到很沒趣。由此道出培育孩子想像力的

重要，正如愛恩斯坦所說：「想像力比知識更重要。」

　　大人可以陪伴孩子一起跟小王子結伴拜訪不同的星球，認識裏面住着的國王、虛榮者、酒鬼、商人、點燈人和地理學家等，透過他們不同的個性和經歷，去認識和感受這世界的各種矛盾。

2

《大熊抱抱》
文 / 圖：尼可拉斯·歐德藍
出版社：維京國際
出版年份：2010 年

智慧寶藏

**" 擁抱是無聲勝
有聲的力量。**

內容簡介

　　從前有一隻大熊，他的內心總是充滿着愛和幸福。

　　每當他在森林裏散步，看見有生命的東西時，不論是高大的、迷你的、臭臭的，還是恐怖的動物，他都會給他們來個大大的擁抱。但是，大熊最喜歡抱的還是樹。一天，大熊在森林裏看見一個拿着斧頭的男人。他偷偷跟着男人，來到一棵雄偉的大樹前。大熊以為男人和自己一樣很愛樹，怎知⋯⋯

　　假如，你跟摯愛的親朋久別重逢，或者惜別傷離，大家四目相對，不知說什麼的時候，該怎麼辦？相信最好的方法就是張開雙臂，迎向前去，來個深深的擁抱。此外，「抱抱」對孩子的成長也非常重要啊！原來就像動物時常舔舐自己的幼兒，經常被父母擁抱的孩子，會感覺有爸媽在身邊，產生安全感，這對幼兒的健康成長很有幫助。難怪前陣子常有志願團體發起「免費擁抱（Free Hugs）」活動，一些人會站在街頭舉着「Free Hugs」的牌子，表示自己是願意被擁抱者，只要你走過去，就能接受那人一個大大的擁抱。據說那些舉着牌子的人，實際上也是非常渴望被擁抱。

　　《大熊抱抱》中的主角大熊，沒有舉着「Free Hugs」的牌子，而是更主動去找所有有生命的東西，給他們一個大大的擁抱，難道是因為他也常常渴望被擁抱嗎？好，我們來進入故事，一起尋找大熊的心跡吧。原來這隻外表不討好，惡形惡相的傢伙，除了擁抱自己愛吃的動物之外，最喜歡抱的就是樹，什麼樹他都愛送給它們溫柔體貼，充滿力量的熊抱。當大熊看見一個拿着斧頭的男人，走到最高、最大、最雄偉的樹前，便理所當然地以為男人跟自己一樣很喜歡樹。但結果卻剛好相反，當刻大熊的表現非常值得我們注意，他不但沒有狠狠咬那個男人，還決定做出他這輩子做得最棒的一件事——給那男人一個大大的擁抱。

　　「擁抱」是無聲的語言，大熊不需要透過被抱抱才能取得慰藉。他在大敵當前，面對情緒和行為考驗時，還懂得克服衝動的情緒，分享更多的愛與幸福，這麼善良的品格，真值得我們好好學習！

3

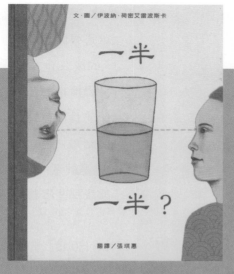

文‧圖／伊波納‧荷密艾雷波斯卡

一半
一半？

翻譯／張琪惠

《一半一半？》
文／圖：伊波納‧荷密艾雷波斯卡
出版社：三之三文化
出版年份：2010 年

智慧寶藏

❝ **要懂得站在
他人的立場
看待事情。**

內容簡介

　　一樣的事情，卻可能有不一樣的看法，很多事情都
是相對的。比如：「某間房子」對一個人來說是大，但
對另一個人而言卻可能是小；「走樓梯」對很多人來說很簡單，但對
身障者而言就很困難。本書以簡短的文字，表達出有關時間、空間和
彼此立場的差異，提醒我們要站在他人的立場來看待事情，並由此學
會謙遜和寬容的生活哲學。

常言道：「凡事沒有對與錯，只有觀點與角度。」意思是事情沒有對錯之分，「世事無絕對」，凡事與其爭論誰對誰錯，倒不如藉由觀點與角度來分析問題。這本來自波蘭的繪本《一半一半？》正正帶出因為時間、空間和彼此立場的差異，而使人對相同的事情有不同的看法。例如：習慣住在平房的孩子，看見十層高的大廈已經覺得好高了，但這對於慣常住在二、三十層高的大廈的孩子來說，卻一點也不高，這就是因為彼此立場的差異而產生不同的看法。

有些小朋友總愛跟別人鬥嘴，時常為爭論誰對誰錯而喋喋不休，何不利用這本書內的圖畫配合文字引導他們反思，讓他們嘗試換個角度在對方的立場看事情？書中有好些句子蘊含深意，值得爸媽和孩子一起討論，例如：「在某些人眼中看似無所不知，在另一些人眼中卻顯得一無所知；有人的生命走到盡頭，有人的生命正要開始……」又如：「在天水相連的邊界線上，對魚來説可能是世界盡頭，對鳥而言卻是世界的開始。」

其實，懂得站在他人的立場看待事情，就是掌握了「謙遜」和「寬容」的生活哲學。兩個不同位置的人，在面對相同的事情時，雖有不同的看法，但若能具備廣闊的胸襟，便能理解彼此的立場。父母何不透過親子共讀，開啟孩子的思維，教導孩子用不同的視角去體會和感受世情，從而避免產生極端偏激的想法，相信我們終有一天，會懂得怎樣以寬廣的角度看世界。

4

《用愛心說實話》
文：派翠西亞 · 麥基撒克
圖：吉絲莉 · 波特
出版社：和英出版社
出版年份：2015 年

智慧寶藏

66 謊言無法持久，終有揭穿的一天。

內容簡介

　　媽媽告訴莉莉不可以說謊，但是當她開始對每個人都說實話後，卻得罪了許多好朋友，這令莉莉覺得難過又困惑。後來，媽媽告訴她，有時候說實話要加以考慮，才不會傷害別人……

有一個寓言故事叫《「真實」和「謊言」》，故事是這樣說的：

「真實」和「謊言」一起到河邊洗澡。先上岸的「謊言」偷偷穿上「真實」的衣服不肯歸還，固執的「真實」卻死也不肯穿上「謊言」的衣服，只好一絲不掛光溜溜地走回家。從此，人們眼中只有「穿着真實外衣的謊言」，卻怎麼也無法接受赤裸裸的真實。

用這個寓言故事來說明《用愛心說實話》的信息非常貼切。故事中的莉莉對媽媽說謊時，發現「謊言竟然這麼容易就說出口，好像是塗了熱奶油一樣滑溜」，以為就可以輕易過關，怎料媽媽卻發現莉莉說謊，以致她不敢看媽媽的眼睛，而且覺得胃部很不舒服，不停地翻騰，眼睛更泛着淚光，下唇不停地顫動着。

莉莉不喜歡這樣，於是，她發誓從今以後，只會說實話；可是有些實話卻無法令人接受，甚至惹人討厭，這說明「真實」和「謊言」之間充斥着不少矛盾！《用愛心說實話》提醒了我們，不要一下子識破別人的謊話，否則如同寓言故事裏所說，人們眼中只有「穿着真實外衣的謊言」，怎樣也無法接受赤裸裸的真實。正如書中這句：「有時候，說實話的時機不對、方法不對，可能會讓人傷心，但用愛心說實話永遠不會錯。」換句話說，真正具有愛心的實話不是批評，而是必須配合實際且充滿愛心的行動；若以誠懇的態度來表達，關顧別人的感受，這樣的實話自然能得到別人的接納和喜歡。

無論如何，謊言無法持久，終有揭穿的一天。一個人最重要的品

德就是誠實，誠實是一切美德的根本。要獲得別人的信任與重視，你首先應該做到誠實。欺騙別人的人，最終被欺騙的是自己。我們要時時把誠實牢記在心頭，不要因為貪圖一時的小利，而丟棄我們最重要的美德。

5

智慧寶藏

"

謠言止於智者。

《為什麼大家都說野狼是壞蛋？》
文／圖：昆汀・葛利本
出版社：大穎文化
出版年份：2011 年

內容簡介

故事從一隻迷路的小羊遇見了大野狼說起。大野狼只是對着小羊微笑，卻嚇壞了柔弱的小羊，於是小羊便將自己的遭遇告訴了小豬朋友們：「有一匹大壞狼想要攻擊我，他的大尖牙差點就咬到我了。」接下來，一傳十，十傳百，每隻動物都把小羊的説話添油加醋和誇大了一些……

　　經常在手機通訊羣組上看到很多不明來歷的消息，說要小心提防什麼；或說某人做了些缺德的事，要注意不要被騙；有些甚至會叮囑不要隨便傳出去，但往往卻不消半秒就從別的羣組讀到同樣的訊息。對於謠言，多數人都不會相信，可是他們卻很喜歡傳播。但正所謂「好事不出門，壞事傳千里」，然而，如果是好事，傳揚開來還可以激勵人心；但如果是壞事，傳開之後，內容既沒有意義，且事情也尚未明朗或解決，卻以擴散性的速度廣泛傳播，這對於社會的確會造成影響。

　　不如來跟孩子一起共讀《為什麼大家都說野狼是壞蛋？》一起討論「謠言」究竟是如何形成的吧！故事的第一頁寫道：「狼似乎無所不吃……」然後又說：「狼不是什麼好東西。」看！故事似乎製造了機會，讓我們跟孩子一起探討這些是否事實。在好奇心驅使下，再讀到「大家口中的那種大壞狼，只是匹非常非常普通的狼。」故事似乎不只是要讓孩子證實野狼是不是大壞蛋，而是要吸引孩子繼續讀下去。當野狼看到小羊，他只是很高興地對着小羊咧嘴而笑，但他那一嘴又亮又尖的牙齒露了出來，卻嚇倒了小羊。隨後小羊把自己的個人感受說得非常驚險，又添油加醋和誇大了一點，去跟小豬們分享；想不到小豬們聽了卻為小羊抱不平，認為狼不應該如此欺負小羊，然後他們又把這件事告訴了鵝小姐……就這樣，一個傳一個，每個都誇大一些，最後便變成「謠言」了。

　　爸媽們可以鼓勵孩子思考故事中的來龍去脈，從「謠言止於智者，不要隨便聽信謠言，也不要隨便傳播謠言。」來引導他們，讓他們明白胡亂傳播謠言可能終有一天會自食其果，我們還是應多說利人利己的好話，避免散播害人害己的謠言啊！

6

《幸運的內德》
文／圖：雷米・查利普
出版社：維京國際
出版年份：2014 年

智慧寶藏

"塞翁失馬焉知非福，塞翁得馬焉知非禍。

內容簡介

　　故事中的主角內德真幸運，獲邀請參加一個神秘派對；可惜，他真倒霉，派對遠在千里之外；內德卻又真幸運，有朋友借給他一架飛機；可是他又真倒霉，飛機的發動機爆炸了；但內德真幸運，飛機上有一副降落傘；不過他卻又真倒霉，降落傘上竟然有一個破洞……這絕對是一個「有幸有不幸」的故事。

《幸運的內德》說的不正是「塞翁失馬焉知非福，塞翁得馬焉知非禍」的道理嗎？這句話出自《淮南子·人間訓》，它大致是說：

從前在北方有一個很會養馬的人叫塞翁。一天，他的馬從馬廄裏逃走了，越過邊境一路跑進了胡人居住的地方。鄰居們知道後，都趕來安慰塞翁不要太難過，怎料塞翁竟反而笑着說：「我的馬雖然走失了，但這說不定是件好事呢？」過了幾個月，這匹馬帶着一匹胡地的駿馬跑回來了。鄰居們聽說後，又紛紛跑到塞翁家來道賀。塞翁這回卻反而皺起眉頭，對大家說：「白白得來這匹駿馬，恐怕不是什麼好事啊！」原來塞翁有個兒子很喜歡騎馬，他在騎着這匹駿馬出外遊玩時，不小心從馬背上摔下來跌斷了腿。鄰居們知道後，又來到塞翁家安慰他，沒想到塞翁竟淡然地對大家說：「這說不定是件好事呢！」大家都莫名其妙。怎知沒過多久，外敵入侵，朝廷徵兵入伍，很多年輕男子都戰死沙場，但塞翁的兒子因為摔斷了腿不用當兵，所以能保住性命……

塞翁跟內德的遭遇十分相似，他們的故事不禁令人感歎生命中的很多事情，其實都是冥冥中自有注定。所以，一件事情是福是禍，往往不是表象可以判定的。凡事順其自然，遇到順心的事，不要太得意；遇到沮喪挫折，也不必太過灰心喪志。書中的內德在面對鯊魚襲擊時，可以游得很快；遇見老虎時也因為跑得很快而成功逃脫，這說明了我們應當時刻裝備自己，才能迎接生活中的任何挑戰；保持樂觀的心情，積極面對惡運，才能讓美好的事情出現！把幸運和倒霉都視為生命中的祝福，因為「塞翁失馬焉知非福，塞翁得馬焉知非禍」啊！

7

❝明天要發生什麼，要看你今天做了什麼。

《大木棉樹——亞馬遜雨林的故事》
文／圖：林妮・伽利
出版社：和英出版社
出版年份：2009 年

內容簡介

在亞馬遜雨林裏，有一個男人在砍着一棵大木棉樹。當他砍得累了，便坐在大木棉樹下，在樹林的熱氣和蟲鳴聲中睡着了。在他睡覺期間，一隻隻倚靠大木棉樹生存的動物紛紛走到熟睡的男人身旁，在他耳邊低語，叫他不要砍掉這棵牠們世世代代安居、賴以維生的樹……

　　故事就從倚靠大木棉樹生存的動物們，說出牠們各自堅持的理由，試圖勸說那個想砍掉大樹的男人開始……你可知道，各種靠着大木棉樹生活的動物們，可不是為反對而反對，牠們各自的理由均別具意義，好像一羣猴子對男人說：「我們見識過人類的做法，你們先砍一棵樹，再回來砍第二棵、第三棵……這些大樹的根枯死了，就不能保持土壤，大雨沖走土壤之後，樹林會變成沙漠。」嘿！猴子們提醒了我們，砍樹對環境會造成長遠的影響。請帶領孩子聯想，當樹林變成沙漠時，我們的城市會不會出現沙塵暴呢？再跟孩子探討沙塵暴的成因。如果當孩子知道沙塵暴是沙暴和塵暴的總稱，是大量沙塵物質被強風吹到空中，會使空氣很混濁後，相信他們也會支持猴子，甚至協助牠們一起勸那男人：

「請不要砍伐大木棉樹啊！」

還有，當幾隻食蟻獸對男人說：「你該知道，明天要發生什麼，要看你今天做了什麼。」這句說話，正好讓孩子有機會認識什麼是因果關係。父母可以跟孩子作個比喻，例如：「如果你希望明天默書 100 分，那你今天要做些什麼呀？」相信他們都能很快回答你。

為孩子講《大木棉樹》的故事，就好像跟他們一起走進亞馬遜雨林，一起認識這個被稱為「世界之肺」的地方，欣賞雨林動植物生態的美妙，也一起討論如何保護環境，培育孩子愛護地球的重要。最後，請謹記「明天要發生什麼，要看你今天做了什麼。」

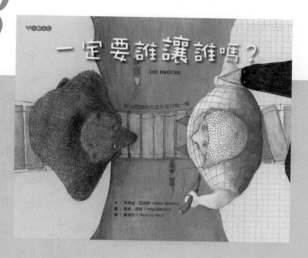

8

《一定要誰讓誰嗎？》
文：海恩茲‧亞尼許
圖：賀格‧邦許
出版社：大穎文化
出版年份：2012 年

智慧寶藏

"
**解決問題的方法
不是只有一種。**

內容簡介

　　一天早上，河的左邊走來了一隻龐大的熊，河的右邊也來了一個巨人。熊和巨人都要過河，他們得走過一座細細長長的橋，大家都站在原地，一動不動，不願意轉身回頭，也不想因為互不退讓而掉落河流中……他們能找到方法來幫助彼此安全過河嗎？

奧地利的繪本《一定要誰讓誰嗎？》帶出的信息，看起來與經典的寓言故事《黑羊與白羊》類同，當中都是傳遞「禮讓」的道理。不過，這故事鋪陳和演繹的手法卻跟《黑羊與白羊》不一樣。寓言故事說的是硬道理，大意是互相禮讓，各自退一步，看似吃虧，其實卻佔了便宜，你成全我、我幫助你，是多麼美好的結局。但《一定要誰讓誰嗎？》，卻故意將熊和巨人對峙的矛盾，當中各不相讓、怒目相向和低沉怒吼的神情，以細膩的筆觸呈現出來，帶動讀者投入在這兩難的處境當中，設身處地思考如何為熊和巨人尋找雙贏的方案。

有人說：「為什麼這年代的孩子如此愛爭鬥，互不相讓，愛跟別人對立，甚至連芝麻綠豆般的小事也要鬥一番？」大家聽後都不禁慨歎，從前我們都是乖乖聽從父母的訓勉，對《黑羊與白羊》的硬道理深信無疑，完全接受「禮讓」就是個美德。反觀現今的孩子，生活在資訊如此發達的年代裏，加上他們的思辯能力又比我們強，遇上少許疑點都會反駁你，甚至會對你的說話表示質疑，例如他們會說：「為什麼要我讓，而不是對方先讓我？」孩子這種怕吃虧的心態我們真的要多多關注。

雖說為自己着想是人的天性。但是，只想到要自己好，完全不顧慮別人的需要，勢必引起對立與爭執。其實解決問題的方法不是只有一種，在對立的狀況下，只要有一方願意退讓，「退一步海闊天空」，問題就能解決；或想要達至雙贏的局面，雙方便需要平等的對待，這樣就不覺得自己犧牲了，如故事中的熊和巨人，他們為了能夠平安過橋，先放下了成見，並緊緊抱住對方，一小步，一小步慢慢轉身到另一邊去，便能順利過橋了！所以，退讓與不退讓之間，其實存在很多討論的空間。

9

《這不是我的帽子》
文／圖：雍·卡拉森
出版社：親子天下
出版年份：2013 年

> 智慧寶藏
> "
> **要為自己的行為
> 負責任。**

內容簡介

一條小魚，偷了大魚的帽子，原本以為可以神不知鬼不覺，卻被一隻螃蟹撞見了。雖然牠保證不會吐露小魚的行蹤，但小魚能相信他嗎？偷帽子的小魚最終又要面對怎樣的結局呢？

　　《這不是我的帽子》封面是全黑色的，只見一條戴着帽的小魚，
與書名「這不是我的帽子」七個字產生矛盾的感覺，就從這裏開始跟
孩子討論吧！「如果帽子不是小魚的，為什麼會在小魚的頭上？」也
許，他們會説「可能風把帽子吹到小魚的頭上」、「小魚問朋友借
的」，或説「在街上拾來的」。趁着孩子滿懷好奇心的時候，再慢慢
打開書本的第一頁。看！小魚竟然直截了當地説：「這不是我的帽子，
是我剛剛偷來的。」這樣的開場白，不讓孩子震撼才怪！

　　為什麼小魚從頭到尾都沒有掩飾自己的行為，還坦白地說出偷帽
的原因？牠所説的歪理會讓人信服嗎？最讓孩子感到驚訝的，應是當
小魚已被螃蟹發現偷帽的事，牠仍滿有信心，把這偷竊行為合理化，
覺得自己只要游到一個水草生長得又高又大的地方，就一定不會被發
現，從此逃避了責任。其實，只要留意書中大魚的眼神和水泡的流動，
故事的發展已不言而喻，難怪聰明的小朋友，總是會急不及待地説：
「大魚知道了」、「螃蟹已經出賣了小魚」、「大魚一直在跟蹤小魚呀」
……到了最後兩頁，再看不見小魚，換來的是大魚頭上戴着小帽子，
氣定神閒地游着，就這樣，故事結束了。

　　相信，很多孩子都會堅信小魚已被大魚吞掉了。父母千萬別急於
給他們答案，反而應該引導他們思考，小魚究竟往哪裏去了？為什麼
小魚明知偷東西不可為，卻總試圖把事情合理化來掩飾自己的罪行？
你認為螃蟹向大魚告密，供出了小魚的行蹤是否恰當？如果你是大
魚，你會怎樣對待小魚？你認為小魚的行為是自欺欺人，掩耳盜鈴
嗎？提出連串的問題，是希望孩子能從故事中反思，明白天網恢恢，
疏而不漏，心存僥倖其實會帶來罪惡感，要讓孩子明白應時刻提醒自
己，做任何事都需要為自己的行為負責任啊！

10

《衝衝衝超人》
文／圖：秋山匡
出版社：小熊出版社
出版年份：2013 年

智慧寶藏

❝與其「臨急抱佛腳」，不如早作準備。

內容簡介

　　小拓是個凡事都喜歡慢慢來的小朋友。雖然今天有重要的事情，但他仍然一派輕鬆地覺得還有時間，不用急，怎知到後來才驚覺已經來不及了。於是，小拓頓時變身成為「衝衝衝超人」，用極快的速度刷牙、洗臉、更衣，並衝出家門！可是衝衝衝超人最終還是遲到了，而且衣服因跌倒而弄得髒兮兮，還被朋友責怪。就在這時，「準備好超人」突然出現了⋯⋯

當心急父母偏偏遇上慢郎中孩子，會怎麼樣？不如請來「衝衝衝超人」傳授衝衝衝超能力吧！當大家進入《衝衝衝超人》的超能力世界，就會感同身受，這個故事的主角名叫小拓，他做任何事都是慢慢來，一副優哉游哉的模樣，不過，他卻懂得在緊張關頭，取出法寶──衝衝衝超人面罩，使出超能力，變身成為衝衝衝超人。這樣，他便能以驚人的速度刷牙、更衣、吃飯、上廁所，然後衝出家門上學去。可惜，他無法控制自己的速度，不得不以極速拚命趕回學校，快得顧不了很多東西，甚至跌倒了也不以為然，沒閒暇煩惱和喊痛。誰知超能力也無法為小拓解決問題，他最終還是遲到了！歸根究底，都是因為他平日沒好好準備。就在這時，來了「準備好超人」，他說：「衝這麼快沒用，要事先做好準備才對，還是放棄衝衝衝超人的身分，和我一起當準備好超人吧！」小拓明知「臨急抱佛腳」是要不得的，可是，衝衝衝的感覺又好爽，他究竟該如何選擇呢？

《衝衝衝超人》以漫畫式的風格呈現，它跳脫的故事內容，風趣幽默的情節，相當吸引人。特別在看到小拓衝衝衝勇往直前時，讀者彷彿陪着他一起感受心臟撲通撲通地跳，既興奮又刺激的感覺。所以，請各位急先鋒父母注意啊！與其要囉囉嗦嗦地催促子女，趕快完成面前的工作，何不透過故事激發孩子為自己選擇，主動思考最想要的是怎樣的生活模式，鼓勵他們自己選擇想當「衝衝衝超人」還是「準備好超人」吧！

11

《我會做任何事！》
文：傑瑞‧史賓納利
圖：幾米
出版社：大塊文化
出版年份：2011 年

智慧寶藏

"相信自己，肯定自我，才會做任何事。

內容簡介

　　這本書由一個簡單的問題「我長大以後，可以做什麼呢？」開始。孩子對於未來所要從事的各種工作，無不充滿想像，於是作者「發明」了二十四種很不像工作的工作，讓無所不能的想像力，帶領孩子為他們的未來尋找無限可能性。這是一本有關希望與夢想的想像之書，提醒我們：孩子會做任何事！

在網路上看到了一篇叫《媽媽，不要對我發火！》的文章，內容節錄如下：「我還記得，我剛出生的時候，你把我抱在懷裏……現在，我人生之路剛剛起步，才開始嘗試着掙脫你的攙扶，去探索我周圍所有的一切，我也會失敗、摔倒，媽媽，你為什麼突然就變得怒目圓睜，説着刺耳的語言，對着我大叫大嚷……我不願看到你因為憤怒而扭曲的臉龐，我怎樣才能讓你重新成為我的天使媽媽？我努力過後，你依然會發火，因為你需要我完美……媽媽，你能不能回到從前，回到你抱我在懷裏時的模樣。人生的道路還很長很長，我不能保證我不會摔倒、不會失敗、不會膽怯、不會迷惘……」

讀畢這篇文章，好像聽見孩子的心聲，為何孩子要向父母保證自己不會摔倒、不會失敗、不會膽怯、不會迷惘呢？假如真的要向父母保證，這豈不是會造成極大的壓力，更甚者可能會妨礙他們尋找夢想的勇氣啊！所以，無論文章是否全然代表孩子們的心聲，它都提醒了我們要鼓勵孩子相信自己，肯定自我，這樣他們才會做任何事。

讀着《我會做任何事！》，就像喝了一口消暑解煩憂的泉水一樣透心涼，令人精神抖擻。它讓我覺得自己就像那頭戴淺啡色小草帽，穿着天藍色工人褲的男孩一樣，感受着無拘無束的歡愉。這小男孩知道世界上有好多好多的工作，而他不但不逃避，還堅定地向大家説：「我會做任何事！」透過故事感受到小男孩對前途充滿盼望和希冀，這猶如為我打了一支強心針，使我對自己的未來也更有信心。愛孩子就是要鼓勵他們勇於做夢，敢於表達，這樣比起要求孩子保證自己不會摔倒、不會失敗、不會膽怯、不會迷惘好得多。就讓我們的孩子成為像故事中那位種南瓜的人、抱小狗的人、咕嚕咕嚕喝檸檬汁的人、逗大家笑的人，還有講冷笑話的人……自信滿滿，能做任何事！

12

《沒關係，沒關係》
文／圖：伊東寬
出版社：親子天下
出版年份：2012 年

"沒關係，沒關係，天掉下來可以當被子蓋。"

內容簡介

故事中的爺爺一直陪伴着孫子成長。他們一起探索世界，做許多不同的事。每當孫子感到不安、困難、害怕和憂慮時，爺爺總會在他身邊，他並沒有要求孫子在困境中，一定要堅強和勇敢，只是不斷以輕鬆和溫柔的語調對他説：「沒關係，沒關係」……

　　有些父母不喜歡「沒關係」這句話，感覺這是推卸責任和逃避的藉口，所以他們不會對孩子說，擔心聽多了「沒關係」後，他們做事就會不認真，變得拖拖拉拉，不思進取。好吧！我們來換個角度看，如果你遇上困難，或是感到不安、焦慮時，你希望別人怎樣安慰你？大力拍你的肩膀，以洪亮的聲音對你說：「要堅強、勇敢、努力，不怕艱難、盡力解決呀！」還是溫柔地對你說：「沒關係，沒關係」？

　　這本書《沒關係，沒關係》，透過爺爺的眼光去重新詮釋「沒關係」的意義。故事裏的孫子從小有爺爺作伴，在兩爺孫一起走過的日子裏，他們愛觀察小草，仰望大樹；蹲下來看螞蟻搬家，小蟲子和小動物的活動……爺爺總是放下身段，以平等和尊重的態度陪伴孫子探索世界。然而，當孫子漸漸長大，不只認識了更多新鮮有趣的事情，擴闊了他的視野，還遇上了很多討厭和可怕的事。但無論如何，爺爺也會握住他的小手，溫柔地說：「沒關係，沒關係」。他們在書中的生活片段，記載着兩爺孫的美好回憶。

　　為什麼「沒關係，沒關係」這句平凡不過的話，可以成為孫子成長的守護神？因為，這句窩心的「沒關係，沒關係」蘊藏了不少愛與關懷。而世事總是相對的，當孫子面對病入膏肓的爺爺時，他也用「沒關係，沒關係」來安慰在卧榻中的爺爺，幫助他釋放難過的心情。俗語說：「天跌下來當被子蓋！」的確跟「沒關係，沒關係」異曲同工。世上很多事情都是意想不到的，假如發生在自己或者別人身上，不打緊！拋開執着的心態，因為勉強只會徒勞無功，來輕鬆地說聲「沒關係，沒關係」困難將迎刃而解啊！

13

《安的種子》
文：王早早
圖：黃麗
出版社：上誼文化
出版年份：2010 年

智慧寶藏

" 我們都需要學
會「等待」和
「希望」。

內容簡介

在幽靜的寺院深處，老師父將三顆珍貴的蓮花種子交到小和尚本、靜和安的手中。小和尚本希望自己第一個把蓮花種出來，於是直接把種子埋在雪地裏；靜則忙着挑選花盆和參考書籍，把發了芽的種子放在金罩子裏；安卻把種子收在胸前小布袋裏，直到春天到了，他才在池塘種下種子。究竟這三個小和尚，誰可以成功種出千年蓮花來呢？

　　《安的種子》中的老和尚把三顆古老蓮花種子送給三位小和尚。如果把老和尚比喻為「上天的旨意」，那三顆種子是三個新生命，而照顧他們的小和尚就是那些肩負起父母責任的人，那麼，三個小和尚是怎樣培育新生命的成長呢？且看他們的不同之處。首先是本，急躁型，只想儘快把花種出來，不管氣候如何，都要把種子堆在地裏，如果將之比作教養方式，這似乎最能配合現今講究速度的年代，畢竟時間就是金錢，金錢就是一切，想孩子贏在起跑線，必需儘快學習。可惜，本實在太心急了，種子不久就凍死了！到了靜，是認真型，他

老師父分給本、靜、安每人一顆古老的蓮花種子。

不求速度，只求最好，於是費盡心思，搜羅相關書籍，專注研究，誓要挑選最好的花盆來種植蓮

春天來了，在池塘的一角，安種下了種子。

盛夏的清晨，在溫暖的陽光下，古老的千年蓮花輕輕的盛開了。

花，種子雖已發芽，為了要保護幼芽，竟用金罩子來罩住它，結果不言而喻；這令人聯想起那些過分認真的父母，為了讓孩子考進最優秀的學校，不惜到處奔走，找來最有名的老師，給孩子參加最多的課外活動，對孩子造成壓力，這樣揠苗助長的行為，不只違反自然，還影響孩子的身心發展。

最後，就是安，踏實型，他先把老和尚給他的種子收在胸前的小布袋裏，然後盡忠職守，生活如常，吃飯、睡覺、幹活，默默地等待春天的到來，才慢慢把種子落在池塘裏，這樣，珍貴的蓮花就在夏天盛放了。

《安的種子》帶給我們重要的啟示，就是學習用「平常心」看待孩子，尊重孩子的個別差異，以耐心等待來陪伴他們成長。正如《基度山恩仇記》的作者大仲馬在他的小說裏說過：「人類的一切智慧包含在這四個字裏面：『等待』、『希望』。」教育孩子的智慧也就是「等待」和「希望」啊！

14 櫻桃樹

文 馬克薩莫塞特　圖 蘿文薩莫塞特　譯 賴羽青

《櫻桃樹》
文：馬克薩莫塞特
圖：蘿文薩莫塞特
出版社：格林文化
出版年份：2015 年

智慧寶藏

"
具備恰當的勇氣與衝勁，才能擁抱夢想。

內容簡介

　　河的對岸有一棵櫻桃樹，男孩想吃樹上甜美的櫻桃。然而，當他正要游過河去時，有隻鳥兒卻突然飛到他面前，警告他河水又急又冷，應該要造一條船過河才安全！男孩聽了小鳥的話，但也因此錯過了櫻桃結果的季節，必須再等一年，下一年，男孩能成功渡河嗎？

雖說「人生沒夢想跟那死翹翹的咸魚沒分別」，但是，有夢想是否就可以橫衝直撞，不顧一切？為了達成夢想，你可以「去得多盡」？也許《櫻桃樹》可給我們一些啟示。故事中的小男孩，每天盯着對岸一棵結滿果實的櫻桃樹，心中只想吃甜美的櫻桃，於是，他想馬上朝對岸游過去。但當男孩準備過河的時候，小鳥卻提醒他要做好準備，謹慎行事，並告誡他河水又急又冷，警告他要三思而行。起初男孩仍然覺得這不是問題，相信自己有能力向目標進發，可是後來，他還是接受了小鳥的建議：造船、起橋、乘風帆、坐飛翔傘……好讓自己可以安全過河，可惜時間不等人，櫻桃樹結果的季節已經悄悄過去了。

假如「櫻桃樹」象徵夢想，「河」暗示可能會遇上的危險，「小鳥」表示「為你好」而給予建議的諸多聲音。而你是那個男孩，已經找到自己的目標了，但身邊總有些像小鳥的聲音，處處會為你着想，在旁給你意見，勸你小心，建議你要規劃周詳，你會接納嗎？好吧！換另一個角度思考，如果男孩是你的孩子，你又會不會變成小鳥，處處提醒，覺得自己才是孩子的指路明燈，這樣，又會不會令他錯失了很多機會？

究竟「謹慎」與「勇氣」，哪一個才重要？《櫻桃樹》說出了當中的意義：要達成夢想，有時需要的不是最好的時機、最好的準備，也許具備恰當的勇氣與衝勁，才能擁抱夢想。

15

《小園丁》
文 / 圖：艾米莉‧休斯
出版社：新雅文化
出版年份：2016 年

智慧寶藏

"要堅持「沒有最好，只有更好」的信念。

內容簡介

　　從前有個小園丁，他有一個花園，這個花園是他的一切。他努力地工作，希望把蕪雜的花園打理好。只是，他太細小了，好像幹不了什麼。一天晚上，他向天空祈求，他希望有人能幫他一把……

菜姨姨的話

《小園丁》封面有位可愛的小男孩，他擁有一雙圓滾滾的眼睛，坐在巨大的樹葉上，手中拿着園丁常用的草帽，望着頭上的大紅花，眼神充滿期盼。與封底連在一起看，構成一個更大的花園，還有一條粉紅色的蚯蚓，同樣朝向上方的大紅花，閉上眼睛，與小男孩互相呼應，流露出「夢想」、「堅持」、「努力」、「關愛」、「扶持」和「感恩」的期盼。

進入故事，看到書中的花園不太像一個花園，雜草叢生，在廣大的花園中，小園丁看起來很渺小，只有粉紅色的蚯蚓為伴。他們互相扶持，努力栽培和照顧園內的花草樹木，每天辛勤工作，澆水施肥，彼此關愛，盡心盡力照料花園。但是，在廣闊巨大的花園裏，他們的力量實在太微小了，而且他們又不懂得照料花園的方法，所以儘管他們無私付出，但成果卻未如理想。當面對天天枯萎的花草，小園丁感到很沮喪！該怎麼辦呢？幸好花園裏出現了一樣東西，那是一朵令人讚歎的花，它在他們不知不覺中盛放了。這不禁令他們重燃希望，使他們為夢想繼續努力，堅持「沒有最好，只有更好」，營造出更美好的花園。

故事最精彩的地方，是當我們看見那一朵令人讚歎的花，它充滿生命力，

重燃了小園丁的夢想，令他無懼花園有多大，個人的力量多有限，仍堅持面對雜亂無章的環境，願意為夢想默默地付出。也正因為那朵生機勃勃的巨大紅花兒的出現，惹來愛花人的注意，讓他們願意付出更多努力，積極照料花園。

　　如果花園是我們的家，不管環境有多大，周遭氣氛有多負面，我們都要效法小園丁，只要堅持「沒有最好，只有更好」的信念，並透過親子共讀作橋樑，傳遞感恩與關懷的心，給孩子最好的養分，就可以培養出令人讚歎和朝氣勃勃的孩子。

16

《文字工廠》
文：愛涅絲・德・雷斯塔
圖：瓦樂麗・多岡波
出版社：三之三文化
出版年份：2010 年

智慧寶藏

" 能夠表達「愛」的不只「文字」和「說話」，還有那份內心的思念。

內容簡介

　　世界上有一個奇怪的地方，住在那兒的人們幾乎都不會說話，他們必須購買文字，把他們吞下去，然後才能把意思表達出來。貧窮的男孩想向他的夢中情人表達愛意，可是若他要將心中的話都講出來，便要花一大筆錢，男孩究竟該怎麼做才好呢？

還記得 2013 年 2 月時，我到台灣參觀「第二十一屆台北國際書展」，這趟書展之旅收穫豐富，特別是進入比利時國家館時，看見這本《文字工廠》的插畫家，瓦樂麗‧多岡波小姐正忙於為讀者簽名，怎不叫我興奮，巴不得快快來個合照吧！

《文字工廠》故事超越現實，富有深意。在作者愛涅絲‧德‧雷斯塔的筆下，讀到一個奇幻的世界，配以插畫家瓦樂麗‧多岡波的圖畫，呈現出富有深度的閱讀空間。故事中的人們必須購買文字，把它們吞下去，才能將意思表達出來。此刻文字成為奢侈品，想說話就得花很多錢，故此，只有富裕人家才能擁有它，並能將自己想要說的話表達出來。至於那些窮人呢？他們只能在街上拾荒，或是透過文字大拍賣，才能以低廉的價格，購買一大袋毫不相關的單字，試圖表達想要說的話。在這樣的世界裏，能擁有有內容

意義的文字，變成了身分的象徵，卻加深了貧富懸殊的景象！幸好，在這個字字有價的地方裏，有一個爭氣的窮男孩，他只用了「櫻桃、灰塵、椅子」這些毫不相關又平凡的詞語，配合真誠細膩的愛，便能向愛人表達心意，最終打動了他的夢中情人。

「文字」只是符號，如果沒有內在的情感、臉部表情和肢體語言等的配合，而單靠標準化的溝通模式，是不會建立良好的溝通功能。《文字工廠》傳遞的信息，不只是反映「愛在心裏口難開」，或是有口難言的困境，還有「愛」的真諦──能夠表達「愛」的不只「文字」和「說話」，還有那份內心的思念。就像窮男孩遇上令他念念不忘，怎也放不下的夢中情人，那份濃烈的思念，不只建立了愛的關係，還有一種互相依賴，心意相通的默契。

17

《因為媽咪愛你！》
文：安德魯・克萊門斯
圖：R. W. 艾利
出版社：小魯文化
出版年份：2015 年

智慧寶藏

" **母愛是孩子的**
守護神。

內容簡介

　　一個媽咪和她的兒子計劃來一趟親子露營。這位行動力十足的媽媽以引導代替幫忙的方式，陪兒子從購買露營用品開始，漸漸學習許多日常生活的獨立及應變能力。直到最後，當孩子感到疲累時，媽咪給他的是一個大大的擁抱和一句「我愛你」！

　　母愛是孩子的守護神。從《因為媽咪愛你！》可以看到媽媽若能時常保持正向樂觀的態度，便能讓孩子感覺被信任，從而建立起信心。故事中的母子計劃一起去露營。露營是一個需要在野外負重跋涉、搭帳篷、生火煮食的活動，媽媽從帶兒子採購露營用品開始，逐步引導他，不論兒子在背背囊、過獨木橋、摘藍莓，還是搭帳篷，媽媽都溫柔而堅定地陪伴着他；孩子就是這樣從媽媽身上學會愛、學會笑、學會走路，並學會更多的事情。

　　這本書《因為媽咪愛你！》，不只使我能更堅定地學習如何去愛自己的子女，也讓我憶起家母。她已於 2011 年 9 月在我們的陪伴下安祥地離世。當媽媽仍在醫院的深切治療病房時，有一天，她對我們說：「出生要排隊，死亡也要排隊」，對於死亡她完全沒有怨天尤人，愁眉苦臉，反而時刻讓我們看見她面帶笑臉；直到快要回天家的那天，她仍是積極面對，欣然接受，為我們留下的是充滿母愛的微笑和滿載幸福的樣子。

　　回想母親的一生，她無愧無憾，過去勤儉持家，平日粗茶淡飯，憑着一雙手，打理家務，井然有序；又協助父親打理生意，精打細算，與他同舟共濟，把我們六兄弟姊妹撫育成才。如今她回到天家與父親重聚，對於我這個最受父母寵愛的老么來說，猶如痛失心靈支柱，難免不忍不捨，唯有盼望來生再當她的女兒，我要她知道我是多麼的愛她，多麼的以她為榮！我會永遠永遠懷念她，因為我知道媽咪永遠愛我。

18

《團圓》
文：余麗瓊
圖：朱成梁
出版社：信誼基金出版社
出版年份：2008 年

智慧寶藏

❝ 有了分離的苦澀，才有團圓的甜美。

內容簡介

爸爸在很遠的地方工作。過年前，他回家了，把小女兒抱起，怎料卻把她嚇得大哭起來。一家人團聚後，一起吃年夜飯、看熱鬧的街景……最後，爸爸又要離開，回到工作崗位，臨行前，女兒的小手緊握着一顆好運幣送給爸爸。就在這樣的聚聚合合、離離散散之中，道盡對下一次團圓的企盼。

有位爸爸曾經問我：「我的工作需要經常出差公幹，一去就是好幾個月。每次回到家，看見我的寶貝女兒，都好想立即給她一個擁抱；想不到，女兒看了我一眼，流露出陌生的表情，當我靠近她時，她便哇哇大哭起來。所以，太太建議我為女兒講故事，希望我可以透過故事來維繫父女的感情，我該選哪些故事書呢？」這位爸爸的問題，其實也是很多家庭的問題。不少父母因為工作的關係，需要離鄉別井，莫説平日，連過時過節也很難聚首一堂，因此，我們常會祈求「一家人齊齊整整，過時過節團團圓圓就好了。」事實上，我們的生命卻不能全然是稱心如意的，有誰不想天天跟家人開開心心在一起呢？但若果我們從沒有嘗過分離的苦澀，又怎能享受團圓的甜美呢？

正如《團圓》的介紹所言：「團圓，是一種情感的企求；是人與人之間的維繫；是中國人最喜歡的圓融；是心靈上的大滿足。」這故事給我們體會到相聚再離別的情感，與女兒久

別重逢的父親，當然希望女兒會笑盈盈地主動走來，給他一個熱情的擁抱。可惜，現實卻是女兒對很久不見的父親感到陌生和抗拒，甚至被他的擁抱嚇得哭起來了！這個故事帶給我們一個重要的信息，就是要給孩子多點時間去適應久未見面的爸爸。事實證明，時間是最好的良方，當故事中的女兒慢慢對父親感到熟悉之後，不只一起包湯圓，依偎在爸媽之間睡覺，騎在父親的肩膀上看舞龍燈，甚至要把自己的好運幣送給爸爸，祈求好運伴隨父親，到他下次回家時，可以再把好運幣包在湯圓裏。這樣，父女間淡淡的離愁與來年相聚的盼望，便盡在不言中。所以，有了分離的苦澀，才會有團圓的甜美，把好運幣化作無限的祝福，才能勇於承受分離的哀傷。

19

《小豬別哭啦！》
文：加藤陽子
圖：宮西達也
出版社：小魯文化
出版年份：2013 年

智慧寶藏

" 尊重和接納孩子的情緒，才能助孩子打開心中的結，宣洩內心的不平衡。

內容簡介

這是一個關於愛哭鬼小豬和愛哭鬼大樹的故事。小豬是個愛哭鬼，他打架時會哭，被罵時會哭，跌倒時也會哭。直到有一天，小豬遇上了比牠更愛哭的大樹，牠們會否成為朋友呢？

　　我曾在書店遇見一位爸爸，他主動走過來，開門見山說是我的讀者，希望我可以為他介紹繪本。他除了想培養四歲的兒子閱讀的興趣外，還希望透過圖書來穩定兒子的情緒。這位爸爸形容兒子是名副其實的「愛哭鬼」，只是芝麻綠豆的小事，都會大哭小喊！尤其是在他上班前，只要大門一打開，兒子便會放聲痛哭，呼天搶地，拉扯着他不放，所以，他每天都要靜悄悄地離家，以免上班遲到。然而，最令他費解的還是回家後所發生的事，兒子見到爸爸回家，起初總是相安無事，可是，沒多久他便會黯然淚下，在抽泣聲中，隱隱聽到他在抱怨：「為什麼不早點回來……為什麼……」唉！離家也哭，回家也哭，真不知如何是好！究竟應怎樣安撫他的情緒呢？真不想再看見他繼續哭哭啼啼啊。

　　爸爸的疑慮讓我想起了《小豬別哭啦！》。於是，我陪他到童書區找來這書，然後帶他從封面開始看：一隻粉紅小豬溫柔地抱着大樹，流露出溫暖而滿足的神情，多可愛啊！再進入故事，爸爸已說，小豬與兒子真的好像，大家都是「愛哭鬼」。可是，小豬卻遇上比他更愛哭的大樹，原來大樹一直留意着小豬，覺得牠哭得好可憐，又不知道怎樣幫助牠，感同身受，唯有陪牠放聲痛哭！故事引起了爸爸的共鳴，如果小豬是他的兒子，那他就要變身大樹，學習接納兒子愛哭的情緒。故事中的小豬努力克服想哭的衝動，讓爸爸進一步了解到兒子愛哭，其實只是因為他需要父母更多的關注和支持。

　　或者，我們也要從孩子的角度去思考，先接納每個人都會哭，而哭是需要力氣的，會消耗很多能量，所以沒有人想成為愛哭鬼。學會尊重和接納孩子的情緒，才能助孩子打開心中的結，宣洩內心的不平衡。

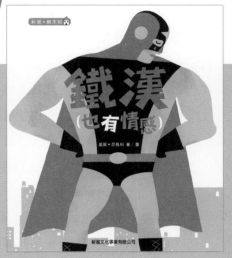

《鐵漢（也有情感）》
文 / 圖：基斯．尼格利
出版社：新雅文化
出版年份：2016 年

智慧寶藏

❝ 每個人都需要把情感表達出來啊！

內容簡介

　　拯救世界的超級英雄、靈巧敏捷的忍者、孔武有力的摔角手……在一般人的眼中，他們都是剛強堅毅的鐵漢，好像沒有什麼事情可以把他們擊倒。咦？不是常言道：「男兒有淚不輕彈」嗎？為什麼這些鐵漢，竟偷偷流下男兒淚？

我爸是一個胖漢子，他熱愛運動，每天都去清水灣海灘游早泳，卻不幸在廿多年前的一個清晨，往海灘的途中，被一個危險駕駛的貨車司機撞死了。回憶起父親，外剛內柔，不拘小節，一生布衣粗食，腰板硬朗，是位殷實商人，白手興家，為我們的家奉獻了一切。因此，當揭開《鐵漢（也有情感）》，在打擂台的休息室裏，只見虎背熊腰的拳手愁眉不展，若有所思；在浩翰的外太空，太空人的手中沒有什麼，只有一幅家庭照，盡見思親之情，說明像拳手、太空人般的鐵漢也有情感，這不禁使我想起我的爸爸。

這書的作者透過一頁頁的圖畫，配合文字的張力，告訴我們，不管你是誰，不管你有多強壯、多勇敢和多快速……誰都需要把情感表達出來。以這本書來談父愛，可算是非常貼切。通常父親的形象都被傳統的觀念影響，以為性格一定是內斂、嚴肅而剛強，不懂得主動表達情感關懷，其實這只是表達愛的方式不同而已，我們何不透過這本書，製造更多父子共讀的機會？還可以鼓勵孩子主動和父母表達內心感受，一起學習面對和處理自己心中的情感。

我們上一代的爸爸，個性大多都有點像朱自清筆下《背影》裏的

父親般沉默寡言，而我爸最愛就是一力承擔，遇上任何危機都是樂觀面對，又經常語重心長地教導我們做人一定要靠自己，莫討人歡心或佔人便宜來取得任何利益，只有真材實幹才能成功。所以，我們從小長大，都知道人生不會一帆風順，唯有勤懇積極才能化危為機。

最後，不管你是誰，每個人都有情感，讓親子共讀成為彼此溝通的橋樑，圖書作為分享和討論的材料，在彼此真情流露下營造溫馨的家庭吧！

鳴謝

- 小熊出版社
- 小魯文化事業股份有限公司
- 上誼文化實業股份有限公司
- 和英出版社
- 信誼基金出版社

菜姨姨的書櫃──送給爸媽和孩子的禮物

作　　者：	菜姨姨
插　　圖：	黃志民
責任編輯：	劉慧燕
美術設計：	何宙樺
出　　版：	新雅文化事業有限公司
	香港英皇道 499 號北角工業大廈 18 樓
	電話：（852）2138 7998
	傳真：（852）2597 4003
	網址：http://www.sunya.com.hk
	電郵：marketing@sunya.com.hk
發　　行：	香港聯合書刊物流有限公司
	香港新界大埔汀麗路 36 號中華商務印刷大廈 3 字樓
	電話：（852）2150 2100
	傳真：（852）2407 3062
	電郵：info@suplogistics.com.hk
印　　刷：	永利印刷有限公司
	香港黃竹坑道 56-60 號怡華工業大廈 3 字樓
版　　次：	二〇一六年七月初版
	10 9 8 7 6 5 4 3 2 1

ISBN: 978-962-08-6611-1